Ivan Kouchnir

Économie d'Oman

Série "Economie dans les pays"

première publication: 2020
dernière mise à jour: 2021-01-21

Ivan Kouchnir. Économie d'Oman. Série "Economie dans les pays". - 2020. - 72 pages.

Ce livre sur l'économie d'Oman des années 1970 aux années 2010. Données source provenant de UN Data.

Taille. Dans les années 2010, le produit intérieur brut d'Oman s'élevait à 72,1 milliards de dollars par an; la valeur de l'agriculture était de 1,3 milliards de dollars; la valeur de l'industrie était de 38,4 milliards de dollars. Comme la part dans le monde était comprise entre 0,01% et 0,1%, le pays est classé une petite économie.

Productivité. Dans les années 2010, le PIB par habitant était de 17 675,0 dollars; l'agriculture par habitant était de 307,8 dollars; l'industrie par habitant était de 9 419,7 dollars. Étant donné que la productivité est comprise entre la moyenne et la moyenne supérieure à la moyenne, l'économie est classée comme développée.

Croissance. Dans les années 2010, la croissance du PIB était de 3,0%; la croissance de l'agriculture était de 10,3%; la croissance de l'industrie était de 2,5%.

Structure. Dans les années 2010, l'économie d'Oman était composée des secteurs suivants: industrie (54,2%), services (22,0%), construction (12,4%), commerce (5,7%), agriculture (3,7%), transport (2,1%).

Exportation et importation. Dans les années 2010, les exportations étaient supérieures de 38,2% aux importations, les exportations nettes représentent 16,2% du PIB. La structure technologique des exportations n'est pas meilleure que la structure des importations.

Consommation et reproduction. L'attitude de la reproduction à l'égard de la consommation est meilleure que la moyenne mondiale, de sorte que la part du PIB dans le monde augmentera.

Série "Economie dans les pays": parallel.page.link/fr

© Ivan Kouchnir, 2020

Tous les droits sont réservés.

ISBN: 9798614481520

Contenu

Partie I. Taille	4
Chapitre I. Produit intérieur brut	5
Chapitre II. Valeur ajoutée	9
Chapitre III. Revenu national brut	13
Partie II. Structure	17
Chapitre IV. Agriculture	18
Chapitre V. Industrie	22
Chapitre 5.1. Fabrication	26
Chapitre VI. Construction	30
Chapitre VII. Transport	34
Chapitre VIII. Commerce	38
Chapitre IX. Services	42
Partie III. Relations extérieures	46
Chapitre X. Exportations	47
Chapitre XI. Importations	52
Partie IV. Consommation	57
Chapitre XII. Dépenses publiques	58
Chapitre XIII. Dépenses ménagères	62
Chapitre XIV. Consommation de nourriture	66
Partie V. Reproduction	68
Chapitre XV. Formation de capital fixe	69

Partie I. Taille

Chapitre I. Produit intérieur brut

Le PIB d'Oman est passé de 1,8 milliards de dollars par an dans les années 1970 à 72,1 milliards de dollars par an dans les années 2010, c'est-à-dire 70,3 milliards de dollars ou de 40,7 fois. La variation a été de 54,7 milliards de dollars en raison de l'augmentation de 4,1 fois des prix, et de 9,2 milliards de dollars en raison de la croissance de productivité de 2,1 fois, et de 6,4 milliards de dollars en raison de la croissance démographique. La croissance annuelle moyenne du PIB était de 6,0%. La valeur minimale était de 268,4 millions de dollars en 1970. La valeur maximale était de 80,7 milliards de dollars en 2014.

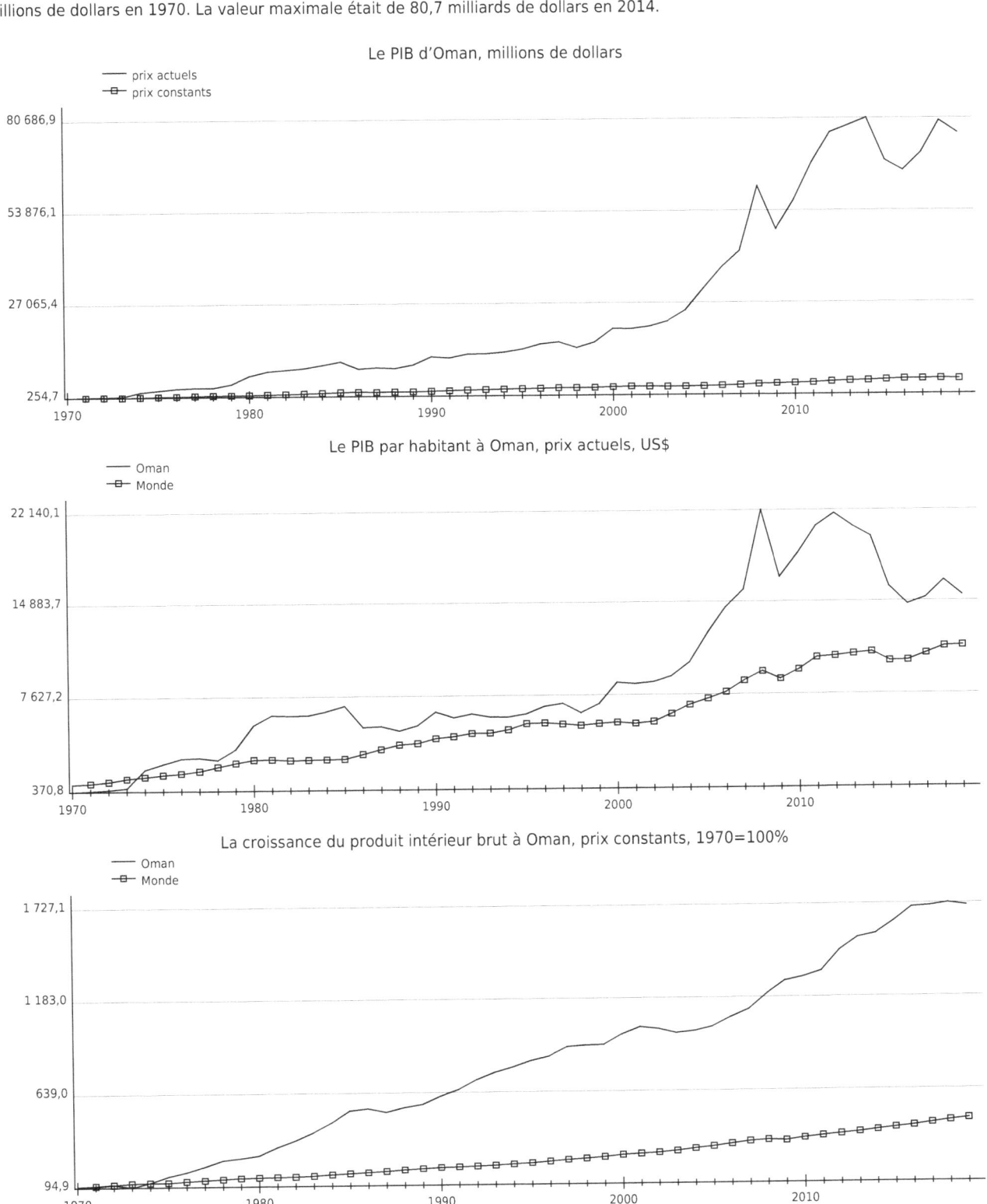

Les années 1970

Le produit intérieur brut d'Oman était de 1,8 milliards de dollars par an dans les années 1970, au 101ème rang mondial à égalité avec le Paraguay (1,8 milliards de dollars). La part dans le monde était de 0,027% et de 0,15% en Asie.

Le PIB d'Oman était constitué de la formation de capital (36,1%), des dépenses ménagères (27,3%) et des dépenses publiques (21,4%).

Le produit intérieur brut par habitant à Oman était de 2011.6 dollars dans les années 1970, se situant au 51ème rang mondial, à égalité avec l'Asie de l'Ouest (2 010,0 de dollars), l'Argentine (1 988,4 de dollars). Le PIB par habitant à Oman était 24,1% supérieur le PIB par habitant au Monde (1 620,8 US$), et 3,8 fois supérieur le produit intérieur brut par habitant en Asie (525,2 US$).

La croissance du produit intérieur brut à Oman était de 11.3% dans les années 1970, se situant au 4ème rang mondial, à égalité avec l'Arabie saoudite (11,2%). La croissance du produit intérieur brut à Oman (11,3%) a été supérieure à celle du monde (4,1%), et supérieure à celle de l'Asie (5,5%).

Comparaison avec les voisins. Le produit intérieur brut d'Oman était supérieur à celui du Yémen (1,1 milliards de dollars); mais inférieur à celui de l'Arabie saoudite (46,0 milliards de dollars) et des Émirats arabes unis (13,6 milliards de dollars). Le PIB par habitant à Oman était supérieur à celui du Yémen (156,1 de dollars); mais inférieur à celui des Émirats arabes unis (25 225,5 de dollars) et de l'Arabie saoudite (6 270,5 de dollars). La croissance du PIB à Oman était supérieure à celle de l'Arabie saoudite (11,2%) et du Yémen (7,3%); mais inférieure à celle des Émirats arabes unis (13,0%).

Comparaison avec les leaders. Le produit intérieur brut d'Oman était inférieur à celui des États-Unis (1,7 billions de dollars), de l'URSS (649,4 milliards de dollars), du Japon (558,0 milliards de dollars), de l'Allemagne (484,2 milliards de dollars) et de la France (333,2 milliards de dollars). Le PIB par habitant à Oman était inférieur à celui des États-Unis (7 838,7 de dollars), de la France (6 214,9 de dollars), de l'Allemagne (6 148,9 de dollars), du Japon (5 011,3 de dollars) et de l'URSS (2 574,9 de dollars). La croissance du produit intérieur brut à Oman était supérieure à celle de l'URSS (4,8%), du Japon (4,6%), de la France (3,9%), des États-Unis (3,5%) et de l'Allemagne (3,1%).

Les années 1980

Le produit intérieur brut d'Oman était de 8,4 milliards de dollars par an dans les années 1980, se classant au 76ème rang mondial à égalité avec la République dominicaine (8,4 milliards de dollars), l'Éthiopie (8,5 milliards de dollars), l'Angola (8,5 milliards de dollars). La part dans le monde était de 0,056% et de 0,24% en Asie.

Le produit intérieur brut d'Oman était constitué des dépenses ménagères (34,2%), de la formation de capital (30,2%) et des dépenses publiques (23,6%).

Le produit intérieur brut par habitant à Oman était de 5765 dollars dans les années 1980, se situant au 47ème rang mondial, à égalité avec la Barbade (5 723,7 de dollars), la Grèce (5 911,0 de dollars). Le PIB par habitant à Oman était 84,6% supérieur le produit intérieur brut par habitant au Monde (3 123,4 US$), et 4,7 fois supérieur le produit intérieur brut par habitant en Asie (1 222,0 US$).

La croissance du produit intérieur brut à Oman était de 8.1% dans les années 1980, au 9ème rang mondial. La croissance du produit intérieur brut à Oman (8,1%) a été supérieure à celle du monde (3,0%), et supérieure à celle de l'Asie (4,6%).

Comparaison avec les voisins. Le PIB d'Oman était supérieur à celui du Yémen (2,7 milliards de dollars); mais inférieur à celui de l'Arabie saoudite (121,1 milliards de dollars) et des Émirats arabes unis (41,8 milliards de dollars). Le produit intérieur brut par habitant à Oman était supérieur à celui du Yémen (290,8 de dollars); mais inférieur à celui des Émirats arabes unis (30 975,0 de dollars) et de l'Arabie saoudite (9 516,8 de dollars). La croissance du PIB à Oman était supérieure à celle du Yémen (5,2%), des Émirats arabes unis (0,96%) et de l'Arabie saoudite (-2,7%).

Comparaison avec les leaders. Le produit intérieur brut d'Oman était inférieur à celui des États-Unis (4,2 billions de dollars), du Japon (1,8 billions de dollars), de l'Allemagne (990,0 milliards de dollars), de l'URSS (887,0 milliards de dollars) et de la France (729,5 milliards de dollars). Le PIB par habitant à Oman était supérieur à celui de l'URSS (3 222,9 de dollars); mais inférieur à celui des États-Unis (17 427,1 de dollars), du Japon (14 970,9 de dollars), de la France (12 907,5 de dollars) et de l'Allemagne (12 688,8 de dollars). La croissance du PIB à Oman était supérieure à celle de l'URSS (4,3%), du Japon (4,3%), des États-Unis (3,1%), de la France (2,3%) et de l'Allemagne (1,9%).

Les années 1990

Chapitre I. Produit intérieur brut

Le PIB d'Oman était de 13,4 milliards de dollars par an dans les années 1990, au 76ème rang mondial à égalité avec la Bulgarie (13,2 milliards de dollars). La part dans le monde était de 0,047% et de 0,17% en Asie.

Le PIB d'Oman était constitué des dépenses ménagères (40,2%), des dépenses publiques (26,7%) et de la formation de capital (23,2%).

Le produit intérieur brut par habitant à Oman était de 6359.4 dollars dans les années 1990, se classant au 61ème rang mondial, à égalité avec Montserrat (6 422,5 de dollars). Le produit intérieur brut par habitant à Oman était 26,7% supérieur le produit intérieur brut par habitant au Monde (5 020,1 US$), et 2,8 fois supérieur le PIB par habitant en Asie (2 243,8 US$).

La croissance du produit intérieur brut à Oman était de 4.8% dans les années 1990, au 51ème rang mondial, à égalité avec le Salvador (4,7%), le Bangladesh (4,8%), le Costa Rica (4,8%). La croissance du produit intérieur brut à Oman (4,8%) a été supérieure à celle du monde (2,8%), et supérieure à celle de l'Asie (4,7%).

Comparaison avec les voisins. Le produit intérieur brut d'Oman était supérieur à celui du Yémen (5,9 milliards de dollars); mais inférieur à celui de l'Arabie saoudite (143,0 milliards de dollars) et des Émirats arabes unis (65,8 milliards de dollars). Le PIB par habitant à Oman était supérieur à celui du Yémen (410,8 de dollars); mais inférieur à celui des Émirats arabes unis (27 782,1 de dollars) et de l'Arabie saoudite (7 800,6 de dollars). La croissance du produit intérieur brut à Oman était supérieure à celle de l'Arabie saoudite (3,5%); mais inférieure à celle des Émirats arabes unis (5,9%) et du Yémen (5,9%).

Comparaison avec les leaders. Le produit intérieur brut d'Oman était inférieur à celui des États-Unis (7,6 billions de dollars), du Japon (4,3 billions de dollars), de l'Allemagne (2,2 billions de dollars), de la France (1,4 billions de dollars) et du Royaume-Uni (1,3 billions de dollars). Le PIB par habitant à Oman était inférieur à celui du Japon (34 325,0 de dollars), des États-Unis (28 654,0 de dollars), de l'Allemagne (27 003,8 de dollars), de la France (24 100,9 de dollars) et du Royaume-Uni (22 920,4 de dollars). La croissance du PIB à Oman était supérieure à celle des États-Unis (3,2%), du Royaume-Uni (2,3%), de l'Allemagne (2,2%), de la France (2,0%) et du Japon (1,5%).

Les années 2000

Le PIB d'Oman était de 32,5 milliards de dollars par an dans les années 2000, se classant au 72ème rang mondial à égalité avec la République dominicaine (33,0 milliards de dollars), la Tunisie (31,9 milliards de dollars). La part dans le monde était de 0,070% et de 0,26% en Asie.

Le produit intérieur brut d'Oman était constitué des dépenses ménagères (32,9%), de la formation de capital (27,4%) et des dépenses publiques (19,4%).

Le produit intérieur brut par habitant à Oman était de 12952.3 dollars dans les années 2000, au 57ème rang mondial, à égalité avec la Tchéquie (13 184,6 de dollars), d'Antigua-et-Barbuda (12 703,9 de dollars), l'Arabie saoudite (13 209,8 de dollars). Le produit intérieur brut par habitant à Oman était 80,5% supérieur le PIB par habitant au Monde (7 176,3 US$), et 4,1 fois supérieur le PIB par habitant en Asie (3 180,5 US$).

La croissance du PIB à Oman était de 3.5% dans les années 2000, au 118ème rang mondial, à égalité avec le Botswana (3,4%), d'Israël (3,5%). La croissance du PIB à Oman (3,5%) a été supérieure à celle du monde (3,0%), et inférieure à celle de l'Asie (5,2%).

Comparaison avec les voisins. Le PIB d'Oman était supérieur à celui du Yémen (19,0 milliards de dollars); mais inférieur à celui de l'Arabie saoudite (310,8 milliards de dollars) et des Émirats arabes unis (184,3 milliards de dollars). Le PIB par habitant à Oman était supérieur à celui du Yémen (955,0 de dollars); mais inférieur à celui des Émirats arabes unis (37 798,9 de dollars) et de l'Arabie saoudite (13 209,8 de dollars). La croissance du PIB à Oman était supérieure à celle de l'Arabie saoudite (3,4%); mais inférieure à celle du Yémen (5,0%) et des Émirats arabes unis (4,9%).

Comparaison avec les leaders. Le PIB d'Oman était inférieur à celui des États-Unis (12,6 billions de dollars), du Japon (4,7 billions de dollars), de l'Allemagne (2,8 billions de dollars), de la Chine (2,6 billions de dollars) et du Royaume-Uni (2,3 billions de dollars). Le PIB par habitant à Oman était supérieur à celui de la Chine (1 954,1 de dollars); mais inférieur à celui des États-Unis (42 841,2 de dollars), du Royaume-Uni (38 399,3 de dollars), du Japon (36 386,2 de dollars) et de l'Allemagne (33 966,8 de dollars). La croissance du produit intérieur brut à Oman était supérieure à celle des États-Unis (1,9%), du Royaume-Uni (1,7%), de l'Allemagne (0,73%) et du Japon (0,50%); mais inférieure à celle de la Chine (10,3%).

Les années 2010

Le PIB d'Oman était de 72,1 milliards de dollars par an dans les années 2010, au 67ème rang mondial à égalité avec le Soudan (70,6 milliards de dollars). La part dans le monde était de 0,093% et de 0,26% en Asie.

Le PIB d'Oman était constitué des dépenses ménagères (35,3%), de la formation de capital (24,6%) et des dépenses publiques (23,9%).

Le PIB par habitant à Oman était de 17675 dollars dans les années 2010, se situant au 60ème rang mondial, à égalité avec les îles Cook (17 548,9 de dollars), la Slovaquie (17 829,7 de dollars), Saint-Christophe-et-Niévès (17 833,5 de dollars). Le PIB par habitant à Oman était 66,7% supérieur le PIB par habitant au Monde (10 603,1 US$), et 2,8 fois supérieur le produit intérieur brut par habitant en Asie (6 207,1 US$).

La croissance du produit intérieur brut à Oman était de 3% dans les années 2010, se classant au 109ème rang mondial, à égalité avec la Slovaquie (3,0%). La croissance du produit intérieur brut à Oman (3,0%) a été inférieure à celle du monde (3,1%), et inférieure à celle de l'Asie (5,2%).

Comparaison avec les voisins. Le PIB d'Oman était 2,6 fois supérieur à celui du Yémen (27,9 milliards de dollars); mais 9,7 fois inférieur à celui de l'Arabie saoudite (700,6 milliards de dollars) et 5,2 fois inférieur à celui des Émirats arabes unis (375,2 milliards de dollars). Le PIB par habitant à Oman était 16,6 fois supérieur à celui du Yémen (1 067,8 de dollars); mais 2,3 fois inférieur à celui des Émirats arabes unis (40 539,3 de dollars) et 21,5% inférieur à celui de l'Arabie saoudite (22 523,1 de dollars). La croissance du PIB à Oman était supérieure à celle du Yémen (-7,7%); mais inférieure à celle des Émirats arabes unis (3,6%) et de l'Arabie saoudite (3,4%).

Comparaison avec les leaders. Le produit intérieur brut d'Oman était 249,1 fois inférieur à celui des États-Unis (18,0 billions de dollars), 145,7 fois inférieur à celui de la Chine (10,5 billions de dollars), 72,5 fois inférieur à celui du Japon (5,2 billions de dollars), 50,8 fois inférieur à celui de l'Allemagne (3,7 billions de dollars) et 38,4 fois inférieur à celui du Royaume-Uni (2,8 billions de dollars). Le produit intérieur brut par habitant à Oman était 2,4 fois supérieur à celui de la Chine (7 491,3 de dollars); mais 3,2 fois inférieur à celui des États-Unis (56 220,1 de dollars), 2,5 fois inférieur à celui de l'Allemagne (44 732,1 de dollars), 2,4 fois inférieur à celui du Royaume-Uni (42 176,3 de dollars) et 2,3 fois inférieur à celui du Japon (40 869,8 de dollars). La croissance du PIB à Oman était supérieure à celle des États-Unis (2,3%), de l'Allemagne (1,9%), du Royaume-Uni (1,8%) et du Japon (1,3%); mais inférieure à celle de la Chine (7,7%).

Chapitre II. Valeur ajoutée

La valeur ajoutée d'Oman est passé de 1,9 milliards de dollars par an dans les années 1970 à 76,0 milliards de dollars par an dans les années 2010, c'est-à-dire 74,1 milliards de dollars ou de 40,7 fois. La variation a été de 57,6 milliards de dollars en raison de l'augmentation de 4,1 fois des prix, et de 9,7 milliards de dollars en raison de la croissance de productivité de 2,1 fois, et de 6,8 milliards de dollars en raison de la croissance démographique. La croissance annuelle moyenne de la valeur ajoutée était de 6,0%. La valeur minimale était de 277,0 millions de dollars en 1970. La valeur maximale était de 85,8 milliards de dollars en 2014.

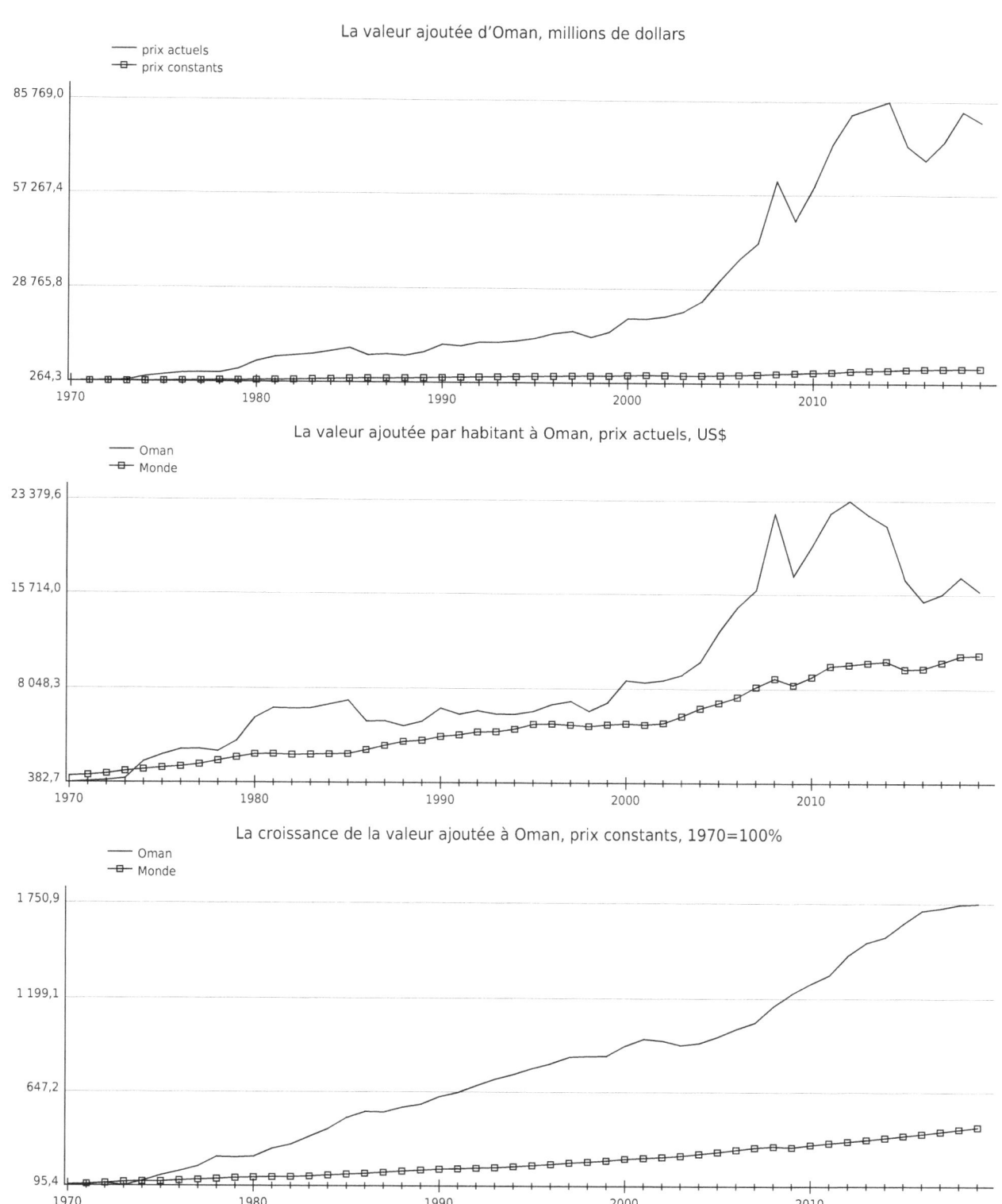

Les années 1970

La valeur ajoutée d'Oman était de 1,9 milliards de dollars par an dans les années 1970, se situant au 100ème rang mondial à égalité avec le Paraguay (1,8 milliards de dollars). La part dans le monde était de 0,030% et de 0,16% en Asie.

La valeur ajoutée totale d'Oman était constituée de: industrie (54,2%), services (22,0%), construction (12,4%), commerce (5,7%), agriculture (3,7%), transport (2,1%).

La valeur ajoutée par habitant à Oman était de 2120.8 dollars dans les années 1970, se classant au 51ème rang mondial. La valeur ajoutée par habitant à Oman était 35,6% supérieure la valeur ajoutée par habitant au Monde (1 564,4 US$), et 4,2 fois supérieure la valeur ajoutée par habitant en Asie (508,3 US$).

La croissance de la valeur ajoutée à Oman était de 11.3% dans les années 1970, se classant au 5ème rang mondial, à égalité avec l'Irak (11,3%), l'Arabie saoudite (11,3%). La croissance de la valeur ajoutée à Oman (11,3%) a été supérieure à celle du monde (3,9%), et supérieure à celle de l'Asie (5,5%).

Comparaison avec les voisins. La valeur ajoutée d'Oman était supérieure à celle du Yémen (1,0 milliards de dollars); mais inférieure à celle de l'Arabie saoudite (46,0 milliards de dollars) et des Émirats arabes unis (13,4 milliards de dollars). La valeur ajoutée par habitant à Oman était supérieure à celle du Yémen (148,7 de dollars); mais inférieure à celle des Émirats arabes unis (24 791,0 de dollars) et de l'Arabie saoudite (6 279,4 de dollars). La croissance de la valeur ajoutée à Oman était supérieure à celle du Yémen (6,4%); mais inférieure à celle des Émirats arabes unis (12,8%) et de l'Arabie saoudite (11,3%).

Comparaison avec les leaders. La valeur ajoutée d'Oman était inférieure à celle des États-Unis (1,7 billions de dollars), de l'URSS (649,4 milliards de dollars), du Japon (545,3 milliards de dollars), de l'Allemagne (444,9 milliards de dollars) et de la France (297,3 milliards de dollars). La valeur ajoutée par habitant à Oman était inférieure à celle des États-Unis (7 767,9 de dollars), de l'Allemagne (5 650,3 de dollars), de la France (5 544,4 de dollars), du Japon (4 897,5 de dollars) et de l'URSS (2 574,9 de dollars). La croissance de la valeur ajoutée à Oman était supérieure à celle du Japon (4,9%), de l'URSS (4,8%), de la France (3,7%), de l'Allemagne (3,1%) et des États-Unis (2,9%).

Les années 1980

La valeur ajoutée d'Oman était de 8,7 milliards de dollars par an dans les années 1980, se situant au 70ème rang mondial à égalité avec le Ghana (8,6 milliards de dollars), la Tunisie (8,8 milliards de dollars). La part dans le monde était de 0,059% et de 0,26% en Asie.

La valeur ajoutée totale d'Oman était constituée de: industrie (52,2%), services (25,7%), construction (9,0%), commerce (7,2%), transport (3,1%), agriculture (2,8%).

La valeur ajoutée par habitant à Oman était de 5946.9 dollars dans les années 1980, se classant au 45ème rang mondial. La valeur ajoutée par habitant à Oman était 96,3% supérieure la valeur ajoutée par habitant au Monde (3 029,9 US$), et 5,0 fois supérieure la valeur ajoutée par habitant en Asie (1 191,9 US$).

La croissance de la valeur ajoutée à Oman était de 8.2% dans les années 1980, au 11ème rang mondial. La croissance de la valeur ajoutée à Oman (8,2%) a été supérieure à celle du monde (2,9%), et supérieure à celle de l'Asie (4,3%).

Comparaison avec les voisins. La valeur ajoutée d'Oman était supérieure à celle du Yémen (2,6 milliards de dollars); mais inférieure à celle de l'Arabie saoudite (121,8 milliards de dollars) et des Émirats arabes unis (40,8 milliards de dollars). La valeur ajoutée par habitant à Oman était supérieure à celle du Yémen (274,3 de dollars); mais inférieure à celle des Émirats arabes unis (30 213,9 de dollars) et de l'Arabie saoudite (9 572,4 de dollars). La croissance de la valeur ajoutée à Oman était supérieure à celle du Yémen (5,3%), des Émirats arabes unis (-0,11%) et de l'Arabie saoudite (-2,7%).

Comparaison avec les leaders. La valeur ajoutée d'Oman était inférieure à celle des États-Unis (4,2 billions de dollars), du Japon (1,8 billions de dollars), de l'Allemagne (907,0 milliards de dollars), de l'URSS (887,0 milliards de dollars) et de la France (650,9 milliards de dollars). La valeur ajoutée par habitant à Oman était supérieure à celle de l'URSS (3 222,9 de dollars); mais inférieure à celle des États-Unis (17 439,9 de dollars), du Japon (14 839,7 de dollars), de l'Allemagne (11 624,4 de dollars) et de la France (11 516,2 de dollars). La croissance de la valeur ajoutée à Oman était supérieure à celle de l'URSS (4,3%), du Japon (4,2%), des États-Unis (2,8%), de la France (2,2%) et de l'Allemagne (2,0%).

Les années 1990

Chapitre II. Valeur ajoutée

La valeur ajoutée d'Oman était de 13,5 milliards de dollars par an dans les années 1990, se situant au 75ème rang mondial à égalité avec le Ghana (13,8 milliards de dollars). La part dans le monde était de 0,049% et de 0,18% en Asie.

La valeur ajoutée totale d'Oman était constituée de: industrie (45,9%), services (32,5%), commerce (9,3%), construction (4,8%), transport (4,8%), agriculture (2,7%).

La valeur ajoutée par habitant à Oman était de 6389.7 dollars dans les années 1990, se situant au 60ème rang mondial, à égalité avec les Seychelles (6 501,4 de dollars). La valeur ajoutée par habitant à Oman était 33,1% supérieure la valeur ajoutée par habitant au Monde (4 799,9 US$), et 2,9 fois supérieure la valeur ajoutée par habitant en Asie (2 197,3 US$).

La croissance de la valeur ajoutée à Oman était de 4.1% dans les années 1990, se situant au 66ème rang mondial, à égalité avec Saint-Christophe-et-Niévès (4,1%), le Guatemala (4,2%), la Grenade (4,2%). La croissance de la valeur ajoutée à Oman (4,1%) a été supérieure à celle du monde (2,7%), et inférieure à celle de l'Asie (4,6%).

Comparaison avec les voisins. La valeur ajoutée d'Oman était supérieure à celle du Yémen (5,8 milliards de dollars); mais inférieure à celle de l'Arabie saoudite (143,4 milliards de dollars) et des Émirats arabes unis (64,2 milliards de dollars). La valeur ajoutée par habitant à Oman était supérieure à celle du Yémen (400,9 de dollars); mais inférieure à celle des Émirats arabes unis (27 086,3 de dollars) et de l'Arabie saoudite (7 824,5 de dollars). La croissance de la valeur ajoutée à Oman était supérieure à celle de l'Arabie saoudite (3,5%); mais inférieure à celle du Yémen (5,9%) et des Émirats arabes unis (4,9%).

Comparaison avec les leaders. La valeur ajoutée d'Oman était inférieure à celle des États-Unis (7,6 billions de dollars), du Japon (4,3 billions de dollars), de l'Allemagne (2,0 billions de dollars), de la France (1,3 billions de dollars) et du Royaume-Uni (1,2 billions de dollars). La valeur ajoutée par habitant à Oman était inférieure à celle du Japon (34 190,7 de dollars), des États-Unis (28 605,8 de dollars), de l'Allemagne (24 519,7 de dollars), de la France (21 588,1 de dollars) et du Royaume-Uni (21 414,8 de dollars). La croissance de la valeur ajoutée à Oman était supérieure à celle des États-Unis (2,8%), du Royaume-Uni (2,4%), de l'Allemagne (2,1%), de la France (1,8%) et du Japon (1,8%).

Les années 2000

La valeur ajoutée d'Oman était de 33,0 milliards de dollars par an dans les années 2000, se situant au 69ème rang mondial à égalité avec le Luxembourg (33,0 milliards de dollars). La part dans le monde était de 0,074% et de 0,27% en Asie.

La valeur ajoutée totale d'Oman était constituée de: industrie (55,9%), services (23,6%), commerce (9,1%), transport (5,6%), construction (4,2%), agriculture (1,6%).

La valeur ajoutée par habitant à Oman était de 13151.4 dollars dans les années 2000, se classant au 55ème rang mondial, à égalité avec l'Arabie saoudite (13 280,2 de dollars), Malte (13 487,9 de dollars). La valeur ajoutée par habitant à Oman était 92,9% supérieure la valeur ajoutée par habitant au Monde (6 818,0 US$), et 4,2 fois supérieure la valeur ajoutée par habitant en Asie (3 111,3 US$).

La croissance de la valeur ajoutée à Oman était de 3.6% dans les années 2000, au 106ème rang mondial, à égalité avec l'Andorre (3,6%), Chypre (3,6%). La croissance de la valeur ajoutée à Oman (3,6%) a été supérieure à celle du monde (2,9%), et inférieure à celle de l'Asie (5,1%).

Comparaison avec les voisins. La valeur ajoutée d'Oman était supérieure à celle du Yémen (18,7 milliards de dollars); mais inférieure à celle de l'Arabie saoudite (312,5 milliards de dollars) et des Émirats arabes unis (181,8 milliards de dollars). La valeur ajoutée par habitant à Oman était supérieure à celle du Yémen (943,0 de dollars); mais inférieure à celle des Émirats arabes unis (37 277,2 de dollars) et de l'Arabie saoudite (13 280,2 de dollars). La croissance de la valeur ajoutée à Oman était supérieure à celle de l'Arabie saoudite (3,5%); mais inférieure à celle du Yémen (5,2%) et des Émirats arabes unis (5,0%).

Comparaison avec les leaders. La valeur ajoutée d'Oman était inférieure à celle des États-Unis (12,6 billions de dollars), du Japon (4,7 billions de dollars), de la Chine (2,6 billions de dollars), de l'Allemagne (2,5 billions de dollars) et du Royaume-Uni (2,1 billions de dollars). La valeur ajoutée par habitant à Oman était supérieure à celle de la Chine (1 954,1 de dollars); mais inférieure à celle des États-Unis (42 840,8 de dollars), du Japon (36 383,0 de dollars), du Royaume-Uni (34 611,1 de dollars) et de l'Allemagne (30 717,6 de dollars). La croissance de la valeur ajoutée à Oman était supérieure à celle des États-Unis (1,7%), du Royaume-Uni (1,7%), de l'Allemagne (0,65%) et du Japon (0,27%); mais inférieure à celle de la Chine (10,2%).

Les années 2010

La valeur ajoutée d'Oman était de 76,0 milliards de dollars par an dans les années 2010, se situant au 66ème rang mondial. La part dans le monde était de 0,10% et de 0,28% en Asie.

La valeur ajoutée totale d'Oman était constituée de: industrie (50,6%), services (28,3%), commerce (8,0%), construction (6,3%), transport (5,1%), agriculture (1,7%).

La valeur ajoutée par habitant à Oman était de 18624.9 dollars dans les années 2010, au 53ème rang mondial, à égalité avec d'Anguilla (18 518,4 de dollars), la Tchéquie (18 442,5 de dollars), la Grèce (18 912,4 de dollars). La valeur ajoutée par habitant à Oman était 84,5% supérieure la valeur ajoutée par habitant au Monde (10 094,6 US$), et 3,1 fois supérieure la valeur ajoutée par habitant en Asie (6 065,5 US$).

La croissance de la valeur ajoutée à Oman était de 3.6% dans les années 2010, au 82ème rang mondial, à égalité avec la Colombie (3,6%), la Thaïlande (3,6%), le Guyana (3,6%). La croissance de la valeur ajoutée à Oman (3,6%) a été supérieure à celle du monde (3,1%), et inférieure à celle de l'Asie (5,3%).

Comparaison avec les voisins. La valeur ajoutée d'Oman était 2,8 fois supérieure à celle du Yémen (27,6 milliards de dollars); mais 9,2 fois inférieure à celle de l'Arabie saoudite (700,7 milliards de dollars) et 4,9 fois inférieure à celle des Émirats arabes unis (375,2 milliards de dollars). La valeur ajoutée par habitant à Oman était 17,7 fois supérieure à celle du Yémen (1 053,5 de dollars); mais 2,2 fois inférieure à celle des Émirats arabes unis (40 539,3 de dollars) et 17,3% inférieure à celle de l'Arabie saoudite (22 526,7 de dollars). La croissance de la valeur ajoutée à Oman était supérieure à celle des Émirats arabes unis (3,6%), de l'Arabie saoudite (3,4%) et du Yémen (-7,8%).

Comparaison avec les leaders. La valeur ajoutée d'Oman était 236,4 fois inférieure à celle des États-Unis (18,0 billions de dollars), 138,3 fois inférieure à celle de la Chine (10,5 billions de dollars), 68,5 fois inférieure à celle du Japon (5,2 billions de dollars), 43,5 fois inférieure à celle de l'Allemagne (3,3 billions de dollars) et 32,5 fois inférieure à celle du Royaume-Uni (2,5 billions de dollars). La valeur ajoutée par habitant à Oman était 2,5 fois supérieure à celle de la Chine (7 491,3 de dollars); mais 3,0 fois inférieure à celle des États-Unis (56 220,3 de dollars), 2,2 fois inférieure à celle du Japon (40 660,3 de dollars), 2,2 fois inférieure à celle de l'Allemagne (40 346,4 de dollars) et 2,0 fois inférieure à celle du Royaume-Uni (37 659,6 de dollars). La croissance de la valeur ajoutée à Oman était supérieure à celle des États-Unis (2,2%), de l'Allemagne (1,9%), du Royaume-Uni (1,8%) et du Japon (1,3%); mais inférieure à celle de la Chine (7,7%).

Chapitre III. Revenu national brut

Le revenu national brut d'Oman est passé de 1,6 milliards de dollars par an dans les années 1970 à 68,4 milliards de dollars par an dans les années 2010, c'est-à-dire 66,9 milliards de dollars ou de 44,1 fois. La variation a été de 51,5 milliards de dollars en raison de l'augmentation de 4,1 fois des prix, et de 9,7 milliards de dollars en raison de la croissance de productivité de 2,3 fois, et de 5,6 milliards de dollars en raison de la croissance démographique. La croissance annuelle moyenne du RNB était de 6,4%. La valeur minimale était de 205,6 millions de dollars en 1970. La valeur maximale était de 76,4 milliards de dollars en 2014.

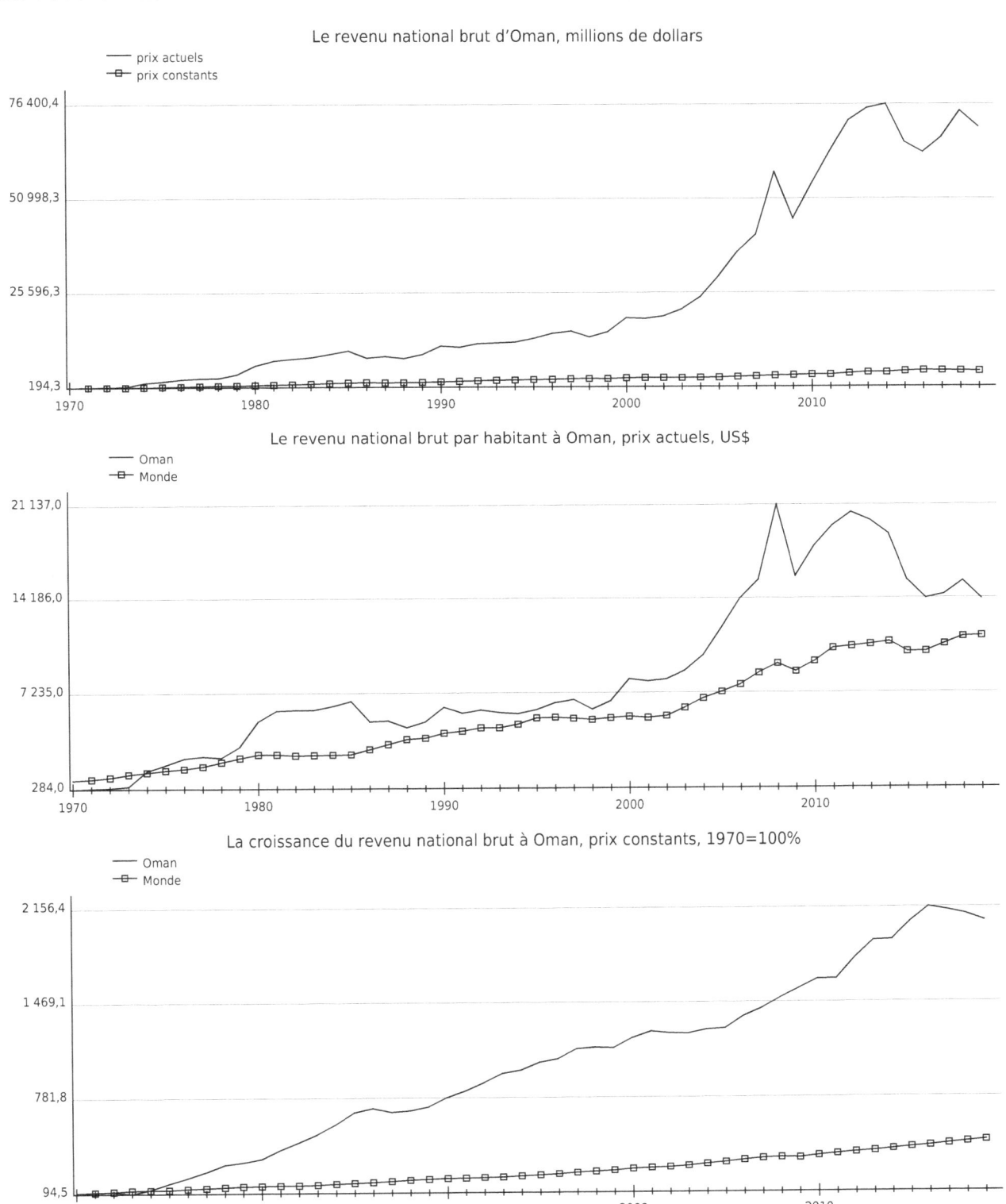

Les années 1970

Le revenu national brut d'Oman était de 1,6 milliards de dollars par an dans les années 1970, se situant au 102ème rang mondial à égalité avec Bahreïn (1,6 milliards de dollars), l'Islande (1,5 milliards de dollars). La part dans le monde était de 0,024% et de 0,13% en Asie.

Le revenu national brut par habitant à Oman était de 1761.4 dollars dans les années 1970, se classant au 58ème rang mondial. Le revenu national brut par habitant à Oman était 8,4% supérieur le RNB par habitant au Monde (1 624,3 US$), et 3,3 fois supérieur le RNB par habitant en Asie (529,4 US$).

La croissance du revenu national brut à Oman était de 13.8% dans les années 1970, se classant au 2ème rang mondial. La croissance du revenu national brut à Oman (13,8%) a été supérieure à celle du monde (4,1%), et supérieure à celle de l'Asie (5,5%).

Comparaison avec les voisins. Le revenu national brut d'Oman était supérieur à celui du Yémen (1,0 milliards de dollars); mais inférieur à celui de l'Arabie saoudite (44,1 milliards de dollars) et des Émirats arabes unis (12,6 milliards de dollars). Le revenu national brut par habitant à Oman était supérieur à celui du Yémen (149,0 de dollars); mais inférieur à celui des Émirats arabes unis (23 377,1 de dollars) et de l'Arabie saoudite (6 021,9 de dollars). La croissance du revenu national brut à Oman était supérieure à celle de l'Arabie saoudite (13,5%) et du Yémen (8,0%); mais inférieure à celle des Émirats arabes unis (14,1%).

Comparaison avec les leaders. Le RNB d'Oman était inférieur à celui des États-Unis (1,7 billions de dollars), de l'URSS (649,4 milliards de dollars), du Japon (558,5 milliards de dollars), de l'Allemagne (486,2 milliards de dollars) et de la France (334,3 milliards de dollars). Le revenu national brut par habitant à Oman était inférieur à celui des États-Unis (7 837,2 de dollars), de la France (6 235,1 de dollars), de l'Allemagne (6 174,4 de dollars), du Japon (5 015,3 de dollars) et de l'URSS (2 574,9 de dollars). La croissance du revenu national brut à Oman était supérieure à celle de l'URSS (4,8%), du Japon (4,7%), de la France (3,9%), des États-Unis (3,5%) et de l'Allemagne (3,0%).

Les années 1980

Le RNB d'Oman était de 8,1 milliards de dollars par an dans les années 1980, se classant au 73ème rang mondial à égalité avec la Côte d'Ivoire (8,0 milliards de dollars), le Soudan (8,0 milliards de dollars), l'Angola (8,0 milliards de dollars). La part dans le monde était de 0,054% et de 0,23% en Asie.

Le RNB par habitant à Oman était de 5588.2 dollars dans les années 1980, au 48ème rang mondial, à égalité avec la Barbade (5 616,0 de dollars). Le RNB par habitant à Oman était 79,3% supérieur le RNB par habitant au Monde (3 117,1 US$), et 4,5 fois supérieur le RNB par habitant en Asie (1 233,8 US$).

La croissance du RNB à Oman était de 8.4% dans les années 1980, au 9ème rang mondial. La croissance du RNB à Oman (8,4%) a été supérieure à celle du monde (3,0%), et supérieure à celle de l'Asie (4,6%).

Comparaison avec les voisins. Le revenu national brut d'Oman était supérieur à celui du Yémen (2,2 milliards de dollars); mais inférieur à celui de l'Arabie saoudite (126,9 milliards de dollars) et des Émirats arabes unis (41,5 milliards de dollars). Le RNB par habitant à Oman était supérieur à celui du Yémen (234,7 de dollars); mais inférieur à celui des Émirats arabes unis (30 699,6 de dollars) et de l'Arabie saoudite (9 977,4 de dollars). La croissance du RNB à Oman était supérieure à celle du Yémen (2,5%), des Émirats arabes unis (1,5%) et de l'Arabie saoudite (-1,6%).

Comparaison avec les leaders. Le revenu national brut d'Oman était inférieur à celui des États-Unis (4,2 billions de dollars), du Japon (1,8 billions de dollars), de l'Allemagne (996,5 milliards de dollars), de l'URSS (887,0 milliards de dollars) et de la France (732,1 milliards de dollars). Le revenu national brut par habitant à Oman était supérieur à celui de l'URSS (3 222,9 de dollars); mais inférieur à celui des États-Unis (17 362,5 de dollars), du Japon (15 042,8 de dollars), de la France (12 952,6 de dollars) et de l'Allemagne (12 771,0 de dollars). La croissance du RNB à Oman était supérieure à celle du Japon (4,4%), de l'URSS (4,3%), des États-Unis (3,1%), de la France (2,3%) et de l'Allemagne (2,0%).

Les années 1990

Le RNB d'Oman était de 12,9 milliards de dollars par an dans les années 1990, se classant au 76ème rang mondial. La part dans le monde était de 0,045% et de 0,17% en Asie.

Le revenu national brut par habitant à Oman était de 6127.5 dollars dans les années 1990, au 60ème rang mondial, à égalité avec Montserrat (6 143,4 de dollars). Le RNB par habitant à Oman était 22,8% supérieur le RNB par habitant au Monde (4 991,4 US$), et 2,7

Chapitre III. Revenu national brut

fois supérieur le RNB par habitant en Asie (2 257,5 US$).

La croissance du RNB à Oman était de 4.7% dans les années 1990, se situant au 54ème rang mondial, à égalité avec la Tanzanie (4,7%). La croissance du RNB à Oman (4,7%) a été supérieure à celle du monde (2,8%), et supérieure à celle de l'Asie (4,6%).

Comparaison avec les voisins. Le RNB d'Oman était supérieur à celui du Yémen (5,7 milliards de dollars); mais inférieur à celui de l'Arabie saoudite (144,8 milliards de dollars) et des Émirats arabes unis (66,8 milliards de dollars). Le revenu national brut par habitant à Oman était supérieur à celui du Yémen (394,5 de dollars); mais inférieur à celui des Émirats arabes unis (28 176,9 de dollars) et de l'Arabie saoudite (7 896,4 de dollars). La croissance du RNB à Oman était supérieure à celle de l'Arabie saoudite (2,6%); mais inférieure à celle du Yémen (8,2%) et des Émirats arabes unis (6,1%).

Comparaison avec les leaders. Le revenu national brut d'Oman était inférieur à celui des États-Unis (7,5 billions de dollars), du Japon (4,4 billions de dollars), de l'Allemagne (2,2 billions de dollars), de la France (1,4 billions de dollars) et du Royaume-Uni (1,3 billions de dollars). Le revenu national brut par habitant à Oman était inférieur à celui du Japon (34 665,3 de dollars), des États-Unis (28 503,5 de dollars), de l'Allemagne (27 004,0 de dollars), de la France (24 286,5 de dollars) et du Royaume-Uni (23 037,3 de dollars). La croissance du revenu national brut à Oman était supérieure à celle des États-Unis (3,4%), de la France (2,2%), du Royaume-Uni (2,0%), de l'Allemagne (2,0%) et du Japon (1,5%).

Les années 2000

Le RNB d'Oman était de 31,3 milliards de dollars par an dans les années 2000, se classant au 71ème rang mondial à égalité avec la République dominicaine (31,5 milliards de dollars), la Biélorussie (30,9 milliards de dollars), le Luxembourg (30,8 milliards de dollars). La part dans le monde était de 0,067% et de 0,25% en Asie.

Le revenu national brut par habitant à Oman était de 12479.9 dollars dans les années 2000, se classant au 57ème rang mondial, à égalité avec la Tchéquie (12 484,8 de dollars). Le revenu national brut par habitant à Oman était 74,2% supérieur le revenu national brut par habitant au Monde (7 165,2 US$), et 3,9 fois supérieur le revenu national brut par habitant en Asie (3 199,2 US$).

La croissance du RNB à Oman était de 3.3% dans les années 2000, au 119ème rang mondial, à égalité avec la Dominique (3,2%). La croissance du RNB à Oman (3,3%) a été supérieure à celle du monde (3,0%), et inférieure à celle de l'Asie (5,3%).

Comparaison avec les voisins. Le RNB d'Oman était supérieur à celui du Yémen (17,9 milliards de dollars); mais inférieur à celui de l'Arabie saoudite (314,6 milliards de dollars) et des Émirats arabes unis (187,5 milliards de dollars). Le RNB par habitant à Oman était supérieur à celui du Yémen (898,7 de dollars); mais inférieur à celui des Émirats arabes unis (38 458,6 de dollars) et de l'Arabie saoudite (13 372,3 de dollars). La croissance du revenu national brut à Oman était inférieure à celle du Yémen (5,4%), des Émirats arabes unis (4,8%) et de l'Arabie saoudite (3,5%).

Comparaison avec les leaders. Le RNB d'Oman était inférieur à celui des États-Unis (12,7 billions de dollars), du Japon (4,8 billions de dollars), de l'Allemagne (2,8 billions de dollars), de la Chine (2,6 billions de dollars) et du Royaume-Uni (2,3 billions de dollars). Le revenu national brut par habitant à Oman était supérieur à celui de la Chine (1 950,5 de dollars); mais inférieur à celui des États-Unis (43 177,4 de dollars), du Royaume-Uni (38 514,5 de dollars), du Japon (37 144,2 de dollars) et de l'Allemagne (34 189,0 de dollars). La croissance du RNB à Oman était supérieure à celle des États-Unis (1,8%), du Royaume-Uni (1,7%), de l'Allemagne (1,0%) et du Japon (0,62%); mais inférieure à celle de la Chine (10,4%).

Les années 2010

Le RNB d'Oman était de 68,4 milliards de dollars par an dans les années 2010, au 66ème rang mondial à égalité avec Porto Rico (68,3 milliards de dollars), le Soudan (67,3 milliards de dollars), la République dominicaine (67,2 milliards de dollars). La part dans le monde était de 0,088% et de 0,25% en Asie.

Le RNB par habitant à Oman était de 16765.4 dollars dans les années 2010, se situant au 61ème rang mondial, à égalité avec Saint-Christophe-et-Niévès (17 103,6 de dollars), Trinité-et-Tobago (17 146,1 de dollars). Le revenu national brut par habitant à Oman était 58,0% supérieur le RNB par habitant au Monde (10 611,7 US$), et 2,7 fois supérieur le RNB par habitant en Asie (6 227,9 US$).

La croissance du revenu national brut à Oman était de 2.8% dans les années 2010, au 118ème rang mondial, à égalité avec les Tonga (2,7%), Madagascar (2,8%), l'Amérique centrale (2,8%). La croissance du RNB à Oman (2,8%) a été inférieure à celle du monde (3,1%), et inférieure à celle de l'Asie (5,2%).

Comparaison avec les voisins. Le RNB d'Oman était 2,5 fois supérieur à celui du Yémen (27,0 milliards de dollars); mais 10,4 fois inférieur à celui de l'Arabie saoudite (711,7 milliards de dollars) et 5,5 fois inférieur à celui des Émirats arabes unis (375,6 milliards de dollars). Le RNB par habitant à Oman était 16,2 fois supérieur à celui du Yémen (1 033,9 de dollars); mais 2,4 fois inférieur à celui des Émirats arabes unis (40 573,4 de dollars) et 26,7% inférieur à celui de l'Arabie saoudite (22 881,0 de dollars). La croissance du RNB à Oman était supérieure à celle du Yémen (-7,4%); mais inférieure à celle des Émirats arabes unis (3,4%) et de l'Arabie saoudite (3,3%).

Comparaison avec les leaders. Le revenu national brut d'Oman était 267,6 fois inférieur à celui des États-Unis (18,3 billions de dollars), 153,0 fois inférieur à celui de la Chine (10,5 billions de dollars), 78,9 fois inférieur à celui du Japon (5,4 billions de dollars), 54,8 fois inférieur à celui de l'Allemagne (3,7 billions de dollars) et 40,1 fois inférieur à celui de la France (2,7 billions de dollars). Le revenu national brut par habitant à Oman était 2,2 fois supérieur à celui de la Chine (7 463,8 de dollars); mais 3,4 fois inférieur à celui des États-Unis (57 299,9 de dollars), 2,7 fois inférieur à celui de l'Allemagne (45 801,3 de dollars), 2,5 fois inférieur à celui du Japon (42 204,7 de dollars) et 2,5 fois inférieur à celui de la France (41 404,4 de dollars). La croissance du revenu national brut à Oman était supérieure à celle des États-Unis (2,5%), de l'Allemagne (2,0%), du Japon (1,4%) et de la France (1,4%); mais inférieure à celle de la Chine (7,7%).

Partie II. Structure

Chapitre IV. Agriculture

Agriculture, chasse, sylviculture et pêche (ISIC A-B)

La valeur ajoutée de l'agriculture à Oman est passé de 68,3 millions de dollars par an dans les années 1970 à 1,3 milliards de dollars par an dans les années 2010, c'est-à-dire 1,2 milliards de dollars ou de 18,4 fois. La variation a été de 356,3 millions de dollars en raison de l'augmentation de 1,4 fois des prix, et de 583,2 millions de dollars en raison de la croissance de productivité de 2,8 fois, et de 247,9 millions de dollars en raison de la croissance démographique. La croissance annuelle moyenne de l'agriculture était de 7,4%. La valeur minimale était de 43,1 millions de dollars en 1970. La valeur maximale était de 1,8 milliards de dollars en 2019.

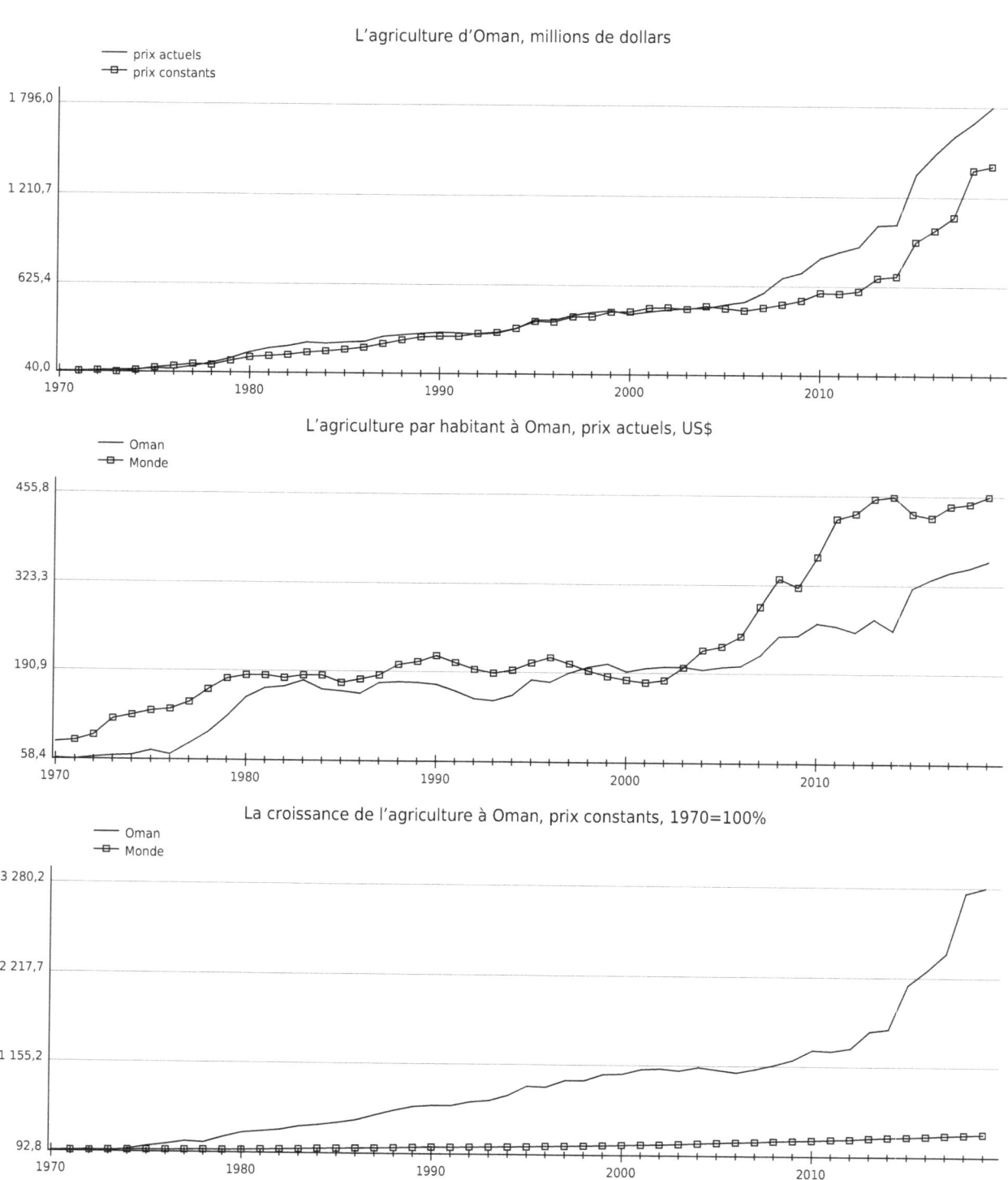

Chapitre IV. Agriculture

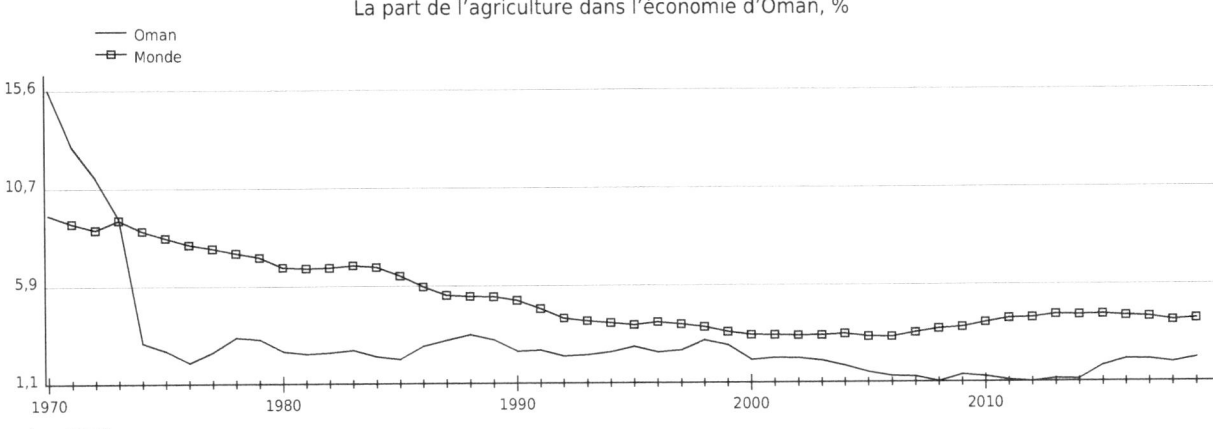

La part de l'agriculture dans l'économie d'Oman, %

Les années 1970

L'agriculture d'Oman était de 68,3 millions de dollars par an dans les années 1970, se classant au 132ème rang mondial à égalité avec le Botswana (68,8 millions de dollars). La part dans le monde était de 0,013% et de 0,038% en Asie.

La part de l'agriculture dans l'économie d'Oman était de 3,7% dans les années 1970, se classant au 158ème rang mondial.

L'agriculture par habitant à Oman était de 77.5 dollars dans les années 1970, au 130ème rang mondial, à égalité avec l'Est (77,8 de dollars), l'Asie (76,7 de dollars), les Maldives (78,6 de dollars). L'agriculture par habitant à Oman était 39,3% inférieure l'agriculture par habitant au Monde (127,6 US$), et 0,98% supérieure l'agriculture par habitant en Asie (76,7 US$).

La croissance de l'agriculture à Oman était de 11.8% dans les années 1970, au 2ème rang mondial. La croissance de l'agriculture à Oman (11,8%) a été supérieure à celle du monde (2,2%), et supérieure à celle de l'Asie (2,0%).

Comparaison avec les voisins. La valeur de l'agriculture à Oman était supérieure à celle des Émirats arabes unis (66,6 millions de dollars); mais inférieure à celle de l'Arabie saoudite (585,9 millions de dollars) et du Yémen (393,6 millions de dollars). L'agriculture par habitant à Oman était supérieure à celle du Yémen (57,8 de dollars); mais inférieure à celle des Émirats arabes unis (123,5 de dollars) et de l'Arabie saoudite (79,9 de dollars). La croissance de l'agriculture à Oman était supérieure à celle de l'Arabie saoudite (5,9%) et du Yémen (2,7%); mais inférieure à celle des Émirats arabes unis (14,6%).

Comparaison avec les leaders. Le secteur de l'agriculture à Oman était inférieur à celui de l'URSS (88,7 milliards de dollars), de la Chine (49,5 milliards de dollars), des États-Unis (42,6 milliards de dollars), de l'Inde (36,0 milliards de dollars) et du Japon (25,8 milliards de dollars). L'agriculture par habitant à Oman était supérieure à celle de l'Inde (58,3 de dollars) et de la Chine (54,2 de dollars); mais inférieure à celle de l'URSS (351,8 de dollars), du Japon (231,3 de dollars) et des États-Unis (195,0 de dollars). La croissance de l'agriculture à Oman était supérieure à celle de l'URSS (7,0%), de la Chine (2,4%), du Japon (0,52%), des États-Unis (0,34%) et de l'Inde (0,30%).

Les années 1980

Le secteur de l'agriculture à Oman était de 244,1 millions de dollars par an dans les années 1980, se situant au 120ème rang mondial à égalité avec le Laos (243,4 millions de dollars), Chypre (245,1 millions de dollars). La part dans le monde était de 0,027% et de 0,070% en Asie.

La part de l'agriculture dans l'économie d'Oman était de 2,8% dans les années 1980, au 157ème rang mondial.

L'agriculture par habitant à Oman était de 167.7 dollars dans les années 1980, se situant au 90ème rang mondial, à égalité avec Maurice (168,1 de dollars), d'Anguilla (166,7 de dollars), le Liberia (165,7 de dollars). L'agriculture par habitant à Oman était 10,1% inférieure l'agriculture par habitant au Monde (186,6 US$), et 36,6% supérieure l'agriculture par habitant en Asie (122,8 US$).

La croissance de l'agriculture à Oman était de 9% dans les années 1980, se classant au 7ème rang mondial. La croissance de l'agriculture à Oman (9,0%) a été supérieure à celle du monde (3,1%), et supérieure à celle de l'Asie (3,8%).

Comparaison avec les voisins. La valeur ajoutée de l'agriculture à Oman était inférieure à celle de l'Arabie saoudite (3,7 milliards de dollars), du Yémen (681,4 millions de dollars) et des Émirats arabes unis (322,6 millions de dollars). L'agriculture par habitant à Oman était supérieure à celle du Yémen (72,1 de dollars); mais inférieure à celle de l'Arabie saoudite (287,6 de dollars) et des Émirats arabes unis (238,9 de dollars). La croissance de l'agriculture à Oman était supérieure à celle du Yémen (3,7%); mais inférieure à celle de l'Arabie saoudite (11,9%) et des Émirats arabes unis (10,7%).

Comparaison avec les leaders. L'agriculture d'Oman était inférieure à celle de l'URSS (125,8 milliards de dollars), de la Chine (94,9 milliards de dollars), de l'Inde (70,4 milliards de dollars), des États-Unis (68,7 milliards de dollars) et du Japon (49,7 milliards de dollars). L'agriculture par habitant à Oman était supérieure à celle de l'Inde (90,7 de dollars) et de la Chine (88,5 de dollars); mais inférieure à celle de l'URSS (457,2 de dollars), du Japon (410,0 de dollars) et des États-Unis (286,8 de dollars). La croissance de l'agriculture à Oman était supérieure à celle de la Chine (5,3%), de l'Inde (4,4%), des États-Unis (3,7%), de l'URSS (2,8%) et du Japon (0,41%).

Les années 1990

L'agriculture d'Oman était de 369,8 millions de dollars par an dans les années 1990, au 137ème rang mondial à égalité avec le Gabon (372,9 millions de dollars), la Palestine (372,9 millions de dollars). La part dans le monde était de 0,032% et de 0,070% en Asie.

La part de l'agriculture dans l'économie d'Oman était de 2,7% dans les années 1990, au 176ème rang mondial, à égalité avec la France (2,8%).

L'agriculture par habitant à Oman était de 175.2 dollars dans les années 1990, au 115ème rang mondial, à égalité avec les Kiribati (174,5 de dollars), le Bhoutan (174,1 de dollars), l'Est (173,9 de dollars). L'agriculture par habitant à Oman était 12,3% inférieure l'agriculture par habitant au Monde (199,8 US$), et 15,5% supérieure l'agriculture par habitant en Asie (151,6 US$).

La croissance de l'agriculture à Oman était de 4.9% dans les années 1990, se classant au 27ème rang mondial, à égalité avec la Jamaïque (4,9%). La croissance de l'agriculture à Oman (4,9%) a été supérieure à celle du monde (2,2%), et supérieure à celle de l'Asie (3,2%).

Comparaison avec les voisins. L'agriculture d'Oman était inférieure à celle de l'Arabie saoudite (8,2 milliards de dollars), des Émirats arabes unis (1,0 milliards de dollars) et du Yémen (988,9 millions de dollars). L'agriculture par habitant à Oman était supérieure à celle du Yémen (68,4 de dollars); mais inférieure à celle de l'Arabie saoudite (447,6 de dollars) et des Émirats arabes unis (440,8 de dollars). La croissance de l'agriculture à Oman était supérieure à celle du Yémen (3,6%) et de l'Arabie saoudite (2,0%); mais inférieure à celle des Émirats arabes unis (9,1%).

Comparaison avec les leaders. L'agriculture d'Oman était inférieure à celle de la Chine (139,0 milliards de dollars), des États-Unis (96,1 milliards de dollars), de l'Inde (91,4 milliards de dollars), du Japon (78,9 milliards de dollars) et du Brésil (36,8 milliards de dollars). L'agriculture par habitant à Oman était supérieure à celle de la Chine (112,7 de dollars) et de l'Inde (95,6 de dollars); mais inférieure à celle du Japon (625,5 de dollars), des États-Unis (363,4 de dollars) et du Brésil (228,7 de dollars). La croissance de l'agriculture à Oman était supérieure à celle de la Chine (4,3%), du Brésil (3,0%), de l'Inde (2,8%), des États-Unis (2,6%) et du Japon (-1,8%).

Les années 2000

L'agriculture d'Oman était de 531,4 millions de dollars par an dans les années 2000, au 132ème rang mondial à égalité avec le Tadjikistan (529,0 millions de dollars). La part dans le monde était de 0,034% et de 0,066% en Asie.

La part de l'agriculture dans l'économie d'Oman était de 1,6% dans les années 2000, se classant au 174ème rang mondial.

L'agriculture par habitant à Oman était de 211.7 dollars dans les années 2000, se classant au 119ème rang mondial, à égalité avec la Jamaïque (211,9 de dollars), le Liban (212,6 de dollars), la Mauritanie (209,6 de dollars). L'agriculture par habitant à Oman était 11,9% inférieure l'agriculture par habitant au Monde (240,3 US$), et 4,6% supérieure l'agriculture par habitant en Asie (202,4 US$).

La croissance de l'agriculture à Oman était de 1.7% dans les années 2000, se situant au 118ème rang mondial, à égalité avec l'Arabie saoudite (1,6%). La croissance de l'agriculture à Oman (1,7%) a été inférieure à celle du monde (3,0%), et inférieure à celle de l'Asie (3,1%).

Comparaison avec les voisins. Le secteur de l'agriculture à Oman était inférieur à celui de l'Arabie saoudite (10,6 milliards de dollars), des Émirats arabes unis (2,2 milliards de dollars) et du Yémen (2,0 milliards de dollars). L'agriculture par habitant à Oman était supérieure à celle du Yémen (102,2 de dollars); mais inférieure à celle des Émirats arabes unis (457,0 de dollars) et de l'Arabie saoudite (449,7 de dollars). La croissance de l'agriculture à Oman était supérieure à celle de l'Arabie saoudite (1,6%) et des Émirats arabes unis (-1,4%); mais inférieure à celle du Yémen (5,8%).

Chapitre IV. Agriculture

Comparaison avec les leaders. Le secteur de l'agriculture à Oman était inférieur à celui de la Chine (297,7 milliards de dollars), de l'Inde (147,6 milliards de dollars), des États-Unis (122,5 milliards de dollars), du Japon (57,1 milliards de dollars) et du Nigeria (47,6 milliards de dollars). L'agriculture par habitant à Oman était supérieure à celle de l'Inde (129,7 de dollars); mais inférieure à celle du Japon (445,6 de dollars), des États-Unis (416,9 de dollars), du Nigeria (346,4 de dollars) et de la Chine (224,5 de dollars). La croissance de l'agriculture à Oman était supérieure à celle du Japon (-1,3%); mais inférieure à celle du Nigeria (10,1%), de la Chine (4,0%), des États-Unis (3,6%) et de l'Inde (2,0%).

Les années 2010

Le secteur de l'agriculture à Oman était de 1,3 milliards de dollars par an dans les années 2010, se situant au 121ème rang mondial à égalité avec le Togo (1,2 milliards de dollars), la Géorgie (1,2 milliards de dollars), la Mauritanie (1,2 milliards de dollars). La part dans le monde était de 0,040% et de 0,065% en Asie.

La part de l'agriculture dans l'économie d'Oman était de 1,7% dans les années 2010, se classant au 171ème rang mondial.

L'agriculture par habitant à Oman était de 307.8 dollars dans les années 2010, se classant au 120ème rang mondial, à égalité avec le Nicaragua (307,5 de dollars), les Seychelles (307,2 de dollars), la Mauritanie (308,4 de dollars). L'agriculture par habitant à Oman était 28,8% inférieure l'agriculture par habitant au Monde (432,1 US$), et 29,5% inférieure l'agriculture par habitant en Asie (436,7 US$).

La croissance de l'agriculture à Oman était de 10.3% dans les années 2010, se situant au 3ème rang mondial. La croissance de l'agriculture à Oman (10,3%) a été supérieure à celle du monde (2,9%), et supérieure à celle de l'Asie (3,3%).

Comparaison avec les voisins. L'agriculture d'Oman était 13,0 fois inférieure à celle de l'Arabie saoudite (16,4 milliards de dollars), 3,5 fois inférieure à celle du Yémen (4,4 milliards de dollars) et 2,1 fois inférieure à celle des Émirats arabes unis (2,7 milliards de dollars). L'agriculture par habitant à Oman était 7,3% supérieure à celle des Émirats arabes unis (286,9 de dollars) et 81,9% supérieure à celle du Yémen (169,2 de dollars); mais 41,6% inférieure à celle de l'Arabie saoudite (526,8 de dollars). La croissance de l'agriculture à Oman était supérieure à celle de l'Arabie saoudite (2,6%), des Émirats arabes unis (1,3%) et du Yémen (-3,9%).

Comparaison avec les leaders. La valeur ajoutée de l'agriculture à Oman était 705,8 fois inférieure à celle de la Chine (886,2 milliards de dollars), 289,4 fois inférieure à celle de l'Inde (363,4 milliards de dollars), 143,6 fois inférieure à celle des États-Unis (180,3 milliards de dollars), 98,8 fois inférieure à celle de l'Indonésie (124,1 milliards de dollars) et 76,3 fois inférieure à celle du Nigeria (95,8 milliards de dollars). L'agriculture par habitant à Oman était 10,3% supérieure à celle de l'Inde (279,1 de dollars); mais 2,1 fois inférieure à celle de la Chine (631,9 de dollars), 45,5% inférieure à celle des États-Unis (564,3 de dollars), 42,4% inférieure à celle du Nigeria (534,6 de dollars) et 36,4% inférieure à celle de l'Indonésie (483,6 de dollars). La croissance de l'agriculture à Oman était supérieure à celle de l'Inde (4,1%), de l'Indonésie (3,9%), de la Chine (3,8%), du Nigeria (3,6%) et des États-Unis (2,0%).

Chapitre V. Industrie

Exploitation minière, fabrication, services publics (ISIC C-E)

Le secteur de l'industrie à Oman est passé de 1,0 milliards de dollars par an dans les années 1970 à 38,4 milliards de dollars par an dans les années 2010, c'est-à-dire 37,4 milliards de dollars ou de 37,9 fois. La variation a été de 31,2 milliards de dollars en raison de l'augmentation de 5,3 fois des prix, et de 2,6 milliards de dollars en raison de la croissance de productivité de 1,5 fois, et de 3,7 milliards de dollars en raison de la croissance démographique. La croissance annuelle moyenne de l'industrie était de 5,3%. La valeur minimale était de 152,7 millions de dollars en 1970. La valeur maximale était de 49,4 milliards de dollars en 2012.

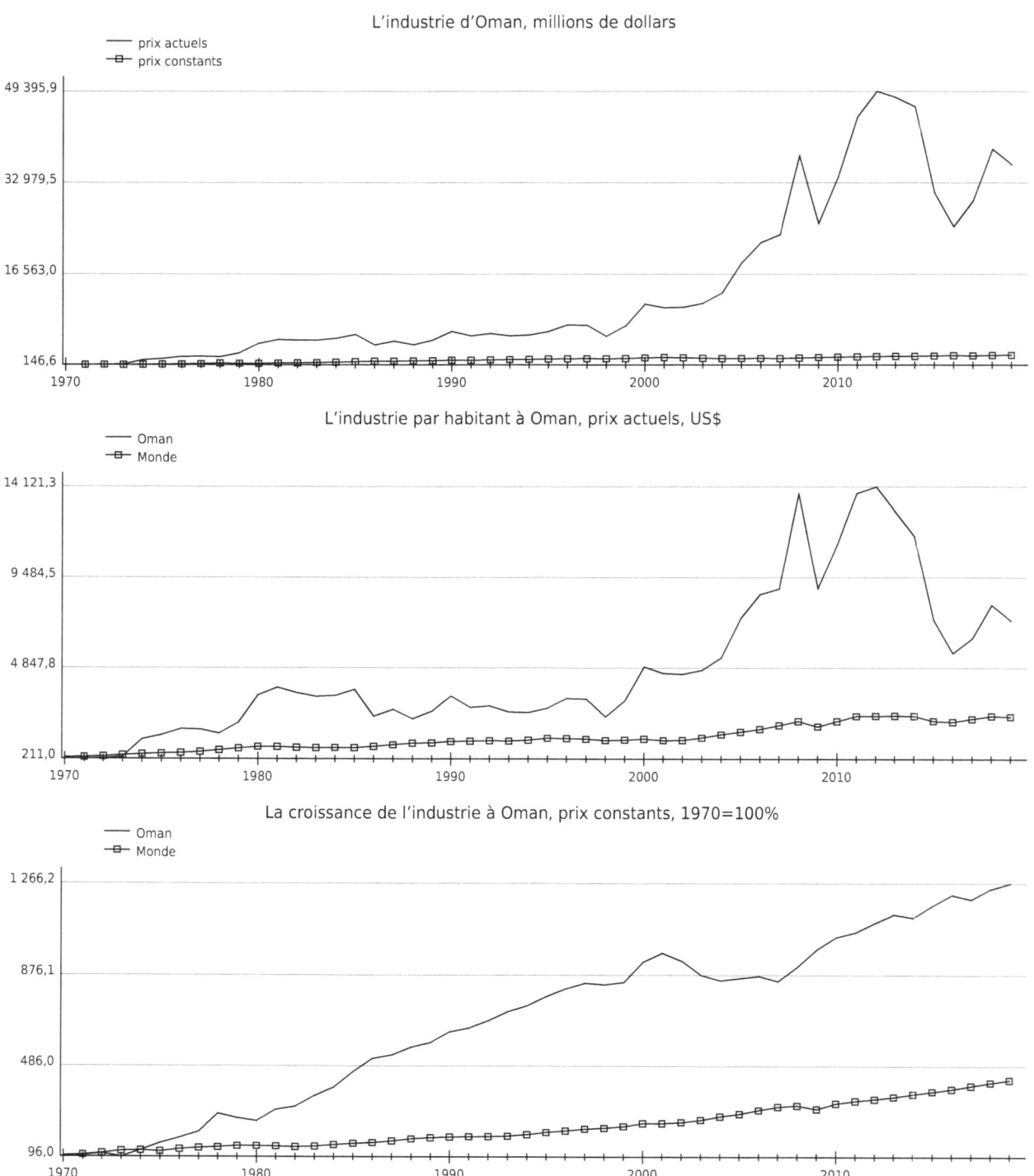

Chapitre V. Industrie

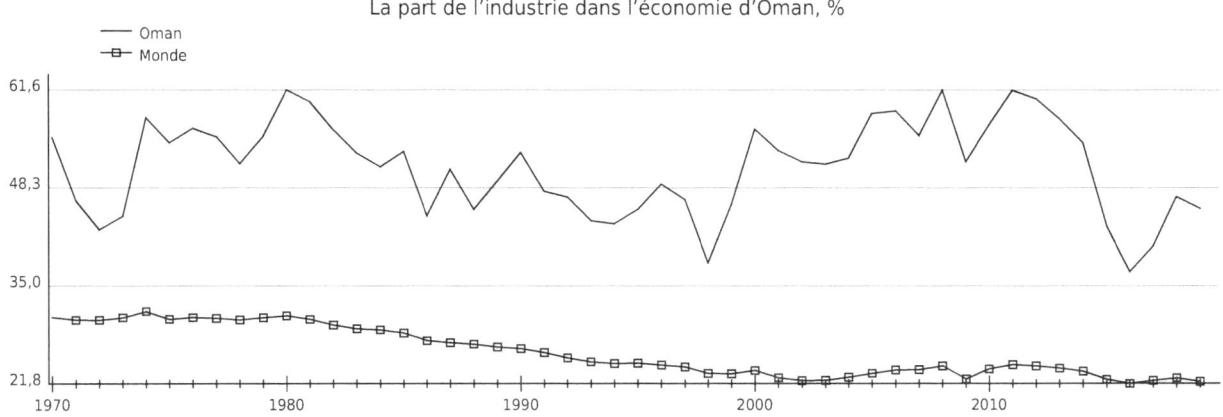

Les années 1970

Le secteur de l'industrie à Oman était de 1,0 milliards de dollars par an dans les années 1970, au 74ème rang mondial à égalité avec la Syrie (1,0 milliards de dollars). La part dans le monde était de 0,052% et de 0,25% en Asie.

La part de l'industrie dans l'économie d'Oman était de 54,2% dans les années 1970, se classant au 7ème rang mondial.

L'industrie par habitant à Oman était de 1149.4 dollars dans les années 1970, au 32ème rang mondial, à égalité avec l'Europe (1 131,6 de dollars), Nauru (1 178,5 de dollars). L'industrie par habitant à Oman était 2,4 fois supérieure l'industrie par habitant au Monde (480,5 US$), et 6,6 fois supérieure l'industrie par habitant en Asie (173,9 US$).

La croissance de l'industrie à Oman était de 11.3% dans les années 1970, se classant au 10ème rang mondial, à égalité avec l'Irak (11,3%), la Roumanie (11,3%). La croissance de l'industrie à Oman (11,3%) a été supérieure à celle du monde (4,0%), et supérieure à celle de l'Asie (5,7%).

Comparaison avec les voisins. La valeur ajoutée de l'industrie à Oman était supérieure à celle du Yémen (84,8 millions de dollars); mais inférieure à celle de l'Arabie saoudite (27,6 milliards de dollars) et des Émirats arabes unis (7,1 milliards de dollars). L'industrie par habitant à Oman était supérieure à celle du Yémen (12,5 de dollars); mais inférieure à celle des Émirats arabes unis (13 113,3 de dollars) et de l'Arabie saoudite (3 765,5 de dollars). La croissance de l'industrie à Oman était supérieure à celle de l'Arabie saoudite (10,6%) et du Yémen (6,5%); mais inférieure à celle des Émirats arabes unis (12,3%).

Comparaison avec les leaders. La valeur ajoutée de l'industrie à Oman était inférieure à celle des États-Unis (450,4 milliards de dollars), de l'URSS (248,8 milliards de dollars), du Japon (185,6 milliards de dollars), de l'Allemagne (158,4 milliards de dollars) et du Royaume-Uni (72,6 milliards de dollars). L'industrie par habitant à Oman était supérieure à celle de l'URSS (986,6 de dollars); mais inférieure à celle des États-Unis (2 063,8 de dollars), de l'Allemagne (2 011,9 de dollars), du Japon (1 666,5 de dollars) et du Royaume-Uni (1 295,1 de dollars). La croissance de l'industrie à Oman était supérieure à celle de l'URSS (5,2%), du Japon (4,5%), des États-Unis (2,4%), de l'Allemagne (2,1%) et du Royaume-Uni (1,9%).

Les années 1980

Le secteur de l'industrie à Oman était de 4,5 milliards de dollars par an dans les années 1980, au 61ème rang mondial. La part dans le monde était de 0,11% et de 0,42% en Asie.

La part de l'industrie dans l'économie d'Oman était de 52,2% dans les années 1980, se situant au 4ème rang mondial.

L'industrie par habitant à Oman était de 3104.6 dollars dans les années 1980, au 21ème rang mondial, à égalité avec Monaco (3 058,9 de dollars), les Pays-Bas (3 036,9 de dollars), le Royaume-Uni (3 032,7 de dollars). L'industrie par habitant à Oman était 3,6 fois supérieure l'industrie par habitant au Monde (861,8 US$), et 8,2 fois supérieure l'industrie par habitant en Asie (380,7 US$).

La croissance de l'industrie à Oman était de 8.4% dans les années 1980, se classant au 20ème rang mondial. La croissance de l'industrie à Oman (8,4%) a été supérieure à celle du monde (2,3%), et supérieure à celle de l'Asie (3,5%).

Comparaison avec les voisins. La valeur de l'industrie à Oman était supérieure à celle du Yémen (298,5 millions de dollars); mais inférieure à celle de l'Arabie saoudite (53,9 milliards de dollars) et des Émirats arabes unis (19,3 milliards de dollars). L'industrie par habitant à Oman était supérieure à celle du Yémen (31,6 de dollars); mais inférieure à celle des Émirats arabes unis (14 330,3 de dollars) et de l'Arabie saoudite (4 235,7 de dollars). La croissance de l'industrie à Oman était supérieure à celle des Émirats arabes unis (-2,5%) et de l'Arabie saoudite (-4,9%); mais inférieure à celle du Yémen (8,8%).

Comparaison avec les leaders. Le secteur de l'industrie à Oman était inférieur à celui des États-Unis (1,0 billions de dollars), du Japon (566,4 milliards de dollars), de l'URSS (305,7 milliards de dollars), de l'Allemagne (297,5 milliards de dollars) et du Royaume-Uni (171,2 milliards de dollars). L'industrie par habitant à Oman était supérieure à celle du Royaume-Uni (3 032,7 de dollars) et de l'URSS (1 110,8 de dollars); mais inférieure à celle du Japon (4 670,2 de dollars), des États-Unis (4 176,6 de dollars) et de l'Allemagne (3 812,7 de dollars). La croissance de l'industrie à Oman était supérieure à celle de l'URSS (5,3%), du Japon (4,2%), des États-Unis (1,9%), du Royaume-Uni (1,4%) et de l'Allemagne (1,2%).

Les années 1990

La valeur de l'industrie à Oman était de 6,2 milliards de dollars par an dans les années 1990, se situant au 60ème rang mondial à égalité avec le Bangladesh (6,1 milliards de dollars). La part dans le monde était de 0,092% et de 0,28% en Asie.

La part de l'industrie dans l'économie d'Oman était de 45,9% dans les années 1990, au 8ème rang mondial, à égalité avec le Gabon (46,0%).

L'industrie par habitant à Oman était de 2934.9 dollars dans les années 1990, se classant au 34ème rang mondial, à égalité avec l'Europe (2 961,4 de dollars), l'Espagne (2 999,3 de dollars). L'industrie par habitant à Oman était 2,5 fois supérieure l'industrie par habitant au Monde (1 175,6 US$), et 4,6 fois supérieure l'industrie par habitant en Asie (639,7 US$).

La croissance de l'industrie à Oman était de 3.7% dans les années 1990, au 79ème rang mondial, à égalité avec le Honduras (3,7%). La croissance de l'industrie à Oman (3,7%) a été supérieure à celle du monde (2,5%), et inférieure à celle de l'Asie (5,5%).

Comparaison avec les voisins. Le secteur de l'industrie à Oman était supérieur à celui du Yémen (1,4 milliards de dollars); mais inférieur à celui de l'Arabie saoudite (60,5 milliards de dollars) et des Émirats arabes unis (24,3 milliards de dollars). L'industrie par habitant à Oman était supérieure à celle du Yémen (99,4 de dollars); mais inférieure à celle des Émirats arabes unis (10 250,4 de dollars) et de l'Arabie saoudite (3 299,3 de dollars). La croissance de l'industrie à Oman était inférieure à celle du Yémen (13,3%), des Émirats arabes unis (4,5%) et de l'Arabie saoudite (4,2%).

Comparaison avec les leaders. La valeur de l'industrie à Oman était inférieure à celle des États-Unis (1,5 billions de dollars), du Japon (1,2 billions de dollars), de l'Allemagne (534,0 milliards de dollars), de la Chine (285,9 milliards de dollars) et du Royaume-Uni (268,6 milliards de dollars). L'industrie par habitant à Oman était supérieure à celle de la Chine (231,9 de dollars); mais inférieure à celle du Japon (9 400,9 de dollars), de l'Allemagne (6 621,6 de dollars), des États-Unis (5 704,4 de dollars) et du Royaume-Uni (4 639,8 de dollars). La croissance de l'industrie à Oman était supérieure à celle des États-Unis (2,8%), du Japon (1,3%), du Royaume-Uni (1,2%) et de l'Allemagne (0,33%); mais inférieure à celle de la Chine (13,1%).

Les années 2000

L'industrie d'Oman était de 18,5 milliards de dollars par an dans les années 2000, se situant au 60ème rang mondial à égalité avec l'Est (18,6 milliards de dollars). La part dans le monde était de 0,18% et de 0,49% en Asie.

La part de l'industrie dans l'économie d'Oman était de 55,9% dans les années 2000, au 8ème rang mondial, à égalité avec le Gabon (55,9%), le Koweït (56,3%), l'Azerbaïdjan (55,4%).

L'industrie par habitant à Oman était de 7351.8 dollars dans les années 2000, au 21ème rang mondial, à égalité avec le Luxembourg (7 367,7 de dollars), Monaco (7 325,4 de dollars), l'Amérique septentrionale (7 195,7 de dollars). L'industrie par habitant à Oman était 4,7 fois supérieure l'industrie par habitant au Monde (1 573,8 US$), et 7,7 fois supérieure l'industrie par habitant en Asie (951,8 US$).

La croissance de l'industrie à Oman était de 1.5% dans les années 2000, se classant au 129ème rang mondial, à égalité avec le Cap-Vert (1,5%), la Hongrie (1,5%). La croissance de l'industrie à Oman (1,5%) a été inférieure à celle du monde (2,9%), et inférieure à celle de l'Asie (5,7%).

Comparaison avec les voisins. La valeur ajoutée de l'industrie à Oman était supérieure à celle du Yémen (6,7 milliards de dollars); mais inférieure à celle de l'Arabie saoudite (169,1 milliards de dollars) et des Émirats arabes unis (77,5 milliards de dollars). L'industrie par habitant à Oman était supérieure à celle de l'Arabie saoudite (7 187,0 de dollars) et du Yémen (335,3 de dollars); mais inférieure à celle des Émirats arabes unis (15 900,4 de dollars). La croissance de l'industrie à Oman était supérieure à celle du Yémen (-1,3%); mais inférieure à celle des Émirats arabes unis (2,4%) et de l'Arabie saoudite (2,0%).

Chapitre V. Industrie

Comparaison avec les leaders. La valeur ajoutée de l'industrie à Oman était inférieure à celle des États-Unis (2,1 billions de dollars), du Japon (1,1 billions de dollars), de la Chine (1,1 billions de dollars), de l'Allemagne (629,4 milliards de dollars) et du Royaume-Uni (345,1 milliards de dollars). L'industrie par habitant à Oman était supérieure à celle des États-Unis (7 144,5 de dollars), du Royaume-Uni (5 710,8 de dollars) et de la Chine (795,3 de dollars); mais inférieure à celle du Japon (8 848,8 de dollars) et de l'Allemagne (7 732,1 de dollars). La croissance de l'industrie à Oman était supérieure à celle des États-Unis (1,5%), de l'Allemagne (0,19%), du Japon (0,15%) et du Royaume-Uni (-1,1%); mais inférieure à celle de la Chine (11,1%).

Les années 2010

La valeur ajoutée de l'industrie à Oman était de 38,4 milliards de dollars par an dans les années 2010, au 56ème rang mondial à égalité avec le Bangladesh (38,8 milliards de dollars). La part dans le monde était de 0,23% et de 0,47% en Asie.

La part de l'industrie dans l'économie d'Oman était de 50,6% dans les années 2010, se situant au 7ème rang mondial.

L'industrie par habitant à Oman était de 9419.7 dollars dans les années 2010, se situant au 18ème rang mondial, à égalité avec le Danemark (9 427,1 de dollars), la Suède (9 492,1 de dollars), le Japon (9 305,3 de dollars). L'industrie par habitant à Oman était 4,1 fois supérieure l'industrie par habitant au Monde (2 320,9 US$), et 5,1 fois supérieure l'industrie par habitant en Asie (1 847,0 US$).

La croissance de l'industrie à Oman était de 2.5% dans les années 2010, se classant au 108ème rang mondial, à égalité avec l'Est (2,5%), l'Australie (2,6%), le Japon (2,6%). La croissance de l'industrie à Oman (2,5%) a été inférieure à celle du monde (3,5%), et inférieure à celle de l'Asie (5,6%).

Comparaison avec les voisins. L'industrie d'Oman était 5,4 fois supérieure à celle du Yémen (7,1 milliards de dollars); mais 8,7 fois inférieure à celle de l'Arabie saoudite (336,0 milliards de dollars) et 4,0 fois inférieure à celle des Émirats arabes unis (152,7 milliards de dollars). L'industrie par habitant à Oman était 34,5 fois supérieure à celle du Yémen (273,3 de dollars); mais 42,9% inférieure à celle des Émirats arabes unis (16 495,2 de dollars) et 12,8% inférieure à celle de l'Arabie saoudite (10 803,3 de dollars). La croissance de l'industrie à Oman était supérieure à celle du Yémen (-12,4%); mais inférieure à celle des Émirats arabes unis (3,7%) et de l'Arabie saoudite (2,6%).

Comparaison avec les leaders. La valeur ajoutée de l'industrie à Oman était 95,8 fois inférieure à celle de la Chine (3,7 billions de dollars), 71,3 fois inférieure à celle des États-Unis (2,7 billions de dollars), 31,0 fois inférieure à celle du Japon (1,2 billions de dollars), 21,9 fois inférieure à celle de l'Allemagne (840,0 milliards de dollars) et 11,5 fois inférieure à celle de l'Inde (443,4 milliards de dollars). L'industrie par habitant à Oman était 1,2% supérieure à celle du Japon (9 305,3 de dollars), 9,8% supérieure à celle des États-Unis (8 581,2 de dollars), 3,6 fois supérieure à celle de la Chine (2 626,2 de dollars) et 27,7 fois supérieure à celle de l'Inde (340,6 de dollars); mais 8,2% inférieure à celle de l'Allemagne (10 261,3 de dollars). La croissance de l'industrie à Oman était supérieure à celle des États-Unis (2,2%); mais inférieure à celle de la Chine (7,5%), de l'Inde (6,5%), de l'Allemagne (3,2%) et du Japon (2,6%).

Chapitre 5.1. Fabrication

(ISIC D)

La fabrication d'Oman est passé de 11,4 millions de dollars par an dans les années 1970 à 7,4 milliards de dollars par an dans les années 2010, c'est-à-dire 7,4 milliards de dollars ou de 646,7 fois. La variation a été de 5,8 milliards de dollars en raison de l'augmentation de 4,6 fois des prix, et de 1,5 milliards de dollars en raison de la croissance de productivité de 30,1 fois, et de 41,4 millions de dollars en raison de la croissance démographique. La croissance annuelle moyenne de l'industrie de transformation était de 12,0%. La valeur minimale était de 1,0 millions de dollars en 1970. La valeur maximale était de 8,4 milliards de dollars en 2018.

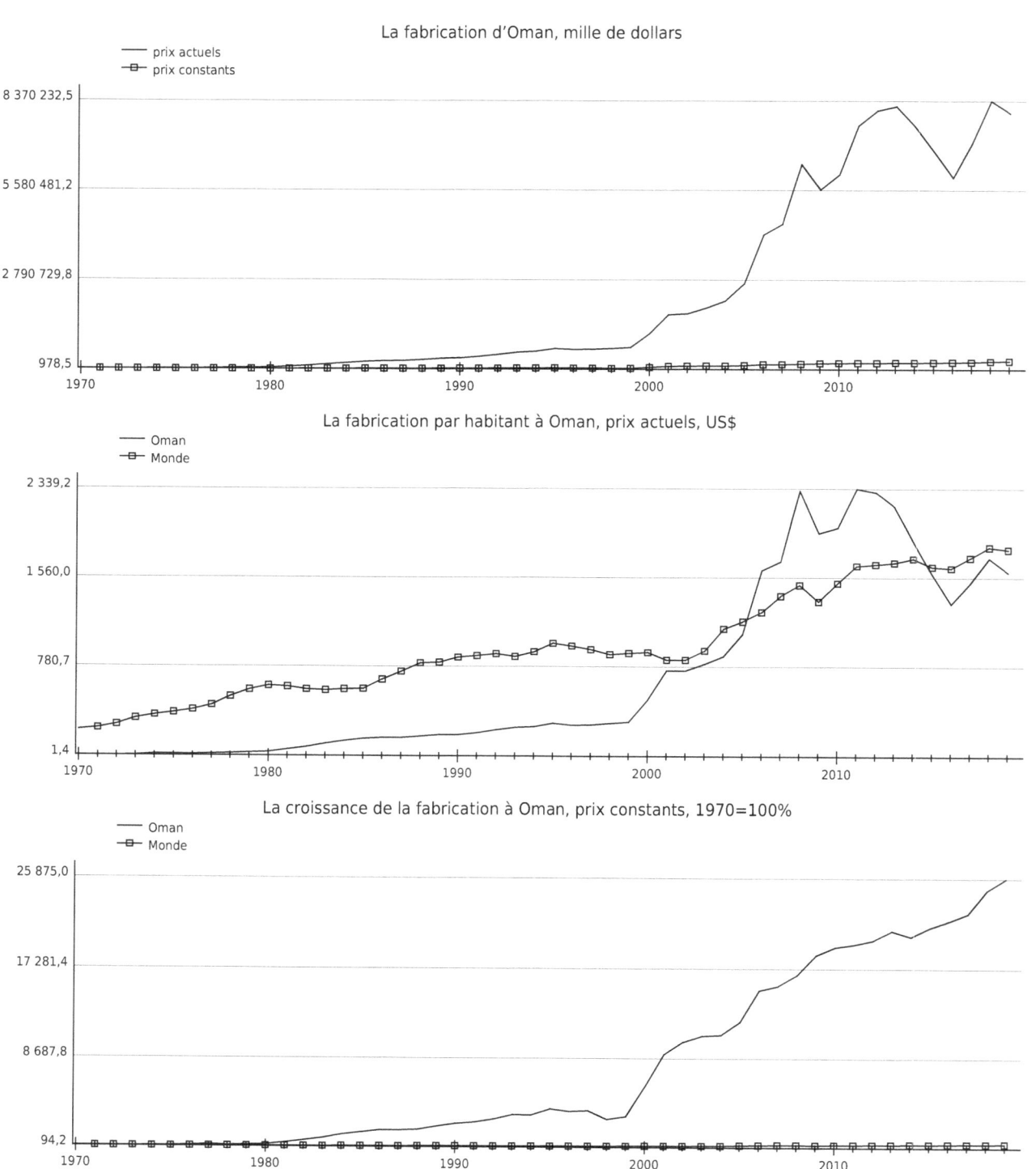

Chapitre 5.1. Fabrication

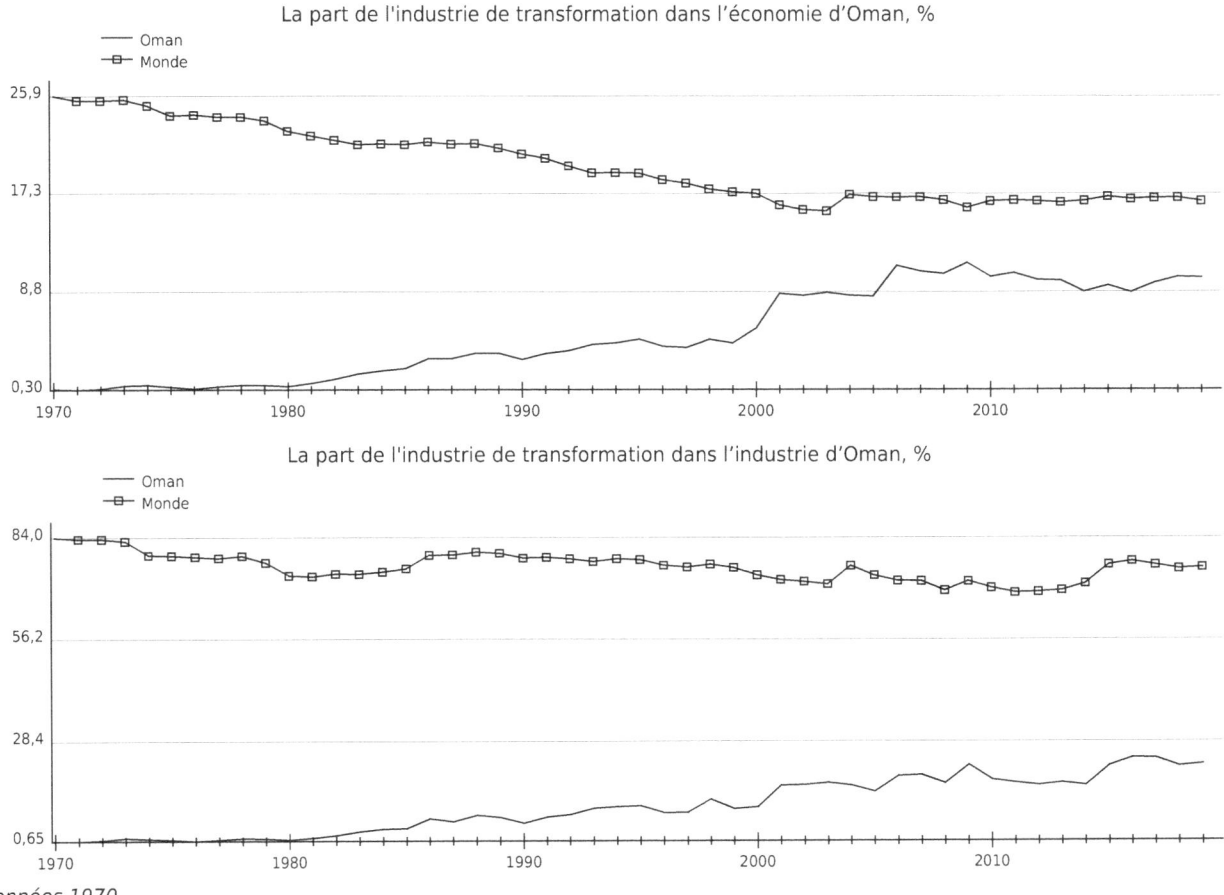

Les années 1970

La valeur ajoutée de la fabrication à Oman était de 11,4 millions de dollars par an dans les années 1970, se classant au 149ème rang mondial à égalité avec les Bermudes (11,4 millions de dollars). La part dans le monde était de 0,0007% et de 0,0047% en Asie.

La part de l'industrie de transformation dans l'économie d'Oman était de 0,61% dans les années 1970, se classant au 183ème rang mondial.

La fabrication par habitant à Oman était de 12.9 dollars dans les années 1970, se situant au 165ème rang mondial. La fabrication par habitant à Oman était 29,6 fois inférieure la fabrication par habitant au Monde (383,2 US$), et 8,1 fois inférieure la fabrication par habitant en Asie (104,9 US$).

La croissance de l'industrie de transformation à Oman était de 9.9% dans les années 1970, se classant au 20ème rang mondial. La croissance de l'industrie de transformation à Oman (9,9%) a été supérieure à celle du monde (3,8%), et supérieure à celle de l'Asie (5,6%).

Comparaison avec les voisins. La valeur de l'industrie de transformation à Oman était inférieure à celle de l'Arabie saoudite (2,2 milliards de dollars), des Émirats arabes unis (290,2 millions de dollars) et du Yémen (77,0 millions de dollars). La fabrication par habitant à Oman était supérieure à celle du Yémen (11,3 de dollars); mais inférieure à celle des Émirats arabes unis (538,1 de dollars) et de l'Arabie saoudite (305,0 de dollars). La croissance de l'industrie de transformation à Oman était supérieure à celle de l'Arabie saoudite (6,1%) et du Yémen (6,1%); mais inférieure à celle des Émirats arabes unis (24,1%).

Comparaison avec les leaders. La fabrication d'Oman était inférieure à celle des États-Unis (378,0 milliards de dollars), de l'URSS (248,8 milliards de dollars), du Japon (169,3 milliards de dollars), de l'Allemagne (138,0 milliards de dollars) et de la France (64,5 milliards de dollars). La fabrication par habitant à Oman était inférieure à celle de l'Allemagne (1 752,1 de dollars), des États-Unis (1 731,8 de dollars), du Japon (1 520,6 de dollars), de la France (1 203,0 de dollars) et de l'URSS (986,6 de dollars). La croissance de la fabrication à Oman était supérieure à celle de l'URSS (5,2%), du Japon (4,5%), de la France (3,5%), des États-Unis (2,7%) et de l'Allemagne (2,1%).

Les années 1980

La valeur de la fabrication à Oman était de 192,3 millions de dollars par an dans les années 1980, se classant au 118ème rang mondial à égalité avec le Niger (190,8 millions de dollars). La part dans le monde était de 0,0060% et de 0,026% en Asie.

La part de la fabrication dans l'économie d'Oman était de 2,2% dans les années 1980, se classant au 177ème rang mondial, à égalité avec les Tuvalu (2,2%).

La fabrication par habitant à Oman était de 132.1 dollars dans les années 1980, se situant au 105ème rang mondial, à égalité avec l'Irak (130,9 de dollars), l'Afrique du Nord (130,4 de dollars). La fabrication par habitant à Oman était 5,0 fois inférieure la fabrication par habitant au Monde (661,2 US$), et 48,5% inférieure la fabrication par habitant en Asie (256,6 US$).

La croissance de l'industrie de transformation à Oman était de 24.4% dans les années 1980, se situant au 1er rang mondial. La croissance de la fabrication à Oman (24,4%) a été supérieure à celle du monde (2,6%), et supérieure à celle de l'Asie (5,4%).

Comparaison avec les voisins. Le secteur de l'industrie de transformation à Oman était inférieur à celui de l'Arabie saoudite (8,0 milliards de dollars), des Émirats arabes unis (2,9 milliards de dollars) et du Yémen (265,3 millions de dollars). La fabrication par habitant à Oman était supérieure à celle du Yémen (28,1 de dollars); mais inférieure à celle des Émirats arabes unis (2 144,4 de dollars) et de l'Arabie saoudite (627,9 de dollars). La croissance de la fabrication à Oman était supérieure à celle des Émirats arabes unis (12,8%), du Yémen (8,1%) et de l'Arabie saoudite (5,8%).

Comparaison avec les leaders. La fabrication d'Oman était inférieure à celle des États-Unis (789,4 milliards de dollars), du Japon (501,0 milliards de dollars), de l'URSS (305,7 milliards de dollars), de l'Allemagne (258,7 milliards de dollars) et de l'Italie (134,1 milliards de dollars). La fabrication par habitant à Oman était inférieure à celle du Japon (4 131,0 de dollars), de l'Allemagne (3 316,0 de dollars), des États-Unis (3 296,4 de dollars), de l'Italie (2 359,9 de dollars) et de l'URSS (1 110,8 de dollars). La croissance de l'industrie de transformation à Oman était supérieure à celle de l'URSS (5,3%), du Japon (4,4%), de l'Italie (2,5%), des États-Unis (1,9%) et de l'Allemagne (1,2%).

Les années 1990

Le secteur de la fabrication à Oman était de 551,4 millions de dollars par an dans les années 1990, se classant au 114ème rang mondial à égalité avec le Malawi (549,8 millions de dollars), le Nicaragua (554,2 millions de dollars). La part dans le monde était de 0,011% et de 0,035% en Asie.

La part de la fabrication dans l'économie d'Oman était de 4,1% dans les années 1990, se classant au 187ème rang mondial.

La fabrication par habitant à Oman était de 261.2 dollars dans les années 1990, au 97ème rang mondial, à égalité avec le Suriname (255,0 de dollars). La fabrication par habitant à Oman était 3,5 fois inférieure la fabrication par habitant au Monde (908,4 US$), et 42,7% inférieure la fabrication par habitant en Asie (456,2 US$).

La croissance de l'industrie de transformation à Oman était de 4% dans les années 1990, se classant au 71ème rang mondial, à égalité avec le Costa Rica (4,0%), l'Arabie saoudite (4,0%). La croissance de l'industrie de transformation à Oman (4,0%) a été supérieure à celle du monde (2,0%), et supérieure à celle de l'Asie (3,5%).

Comparaison avec les voisins. La valeur ajoutée de la fabrication à Oman était supérieure à celle du Yémen (486,1 millions de dollars); mais inférieure à celle de l'Arabie saoudite (13,6 milliards de dollars) et des Émirats arabes unis (5,7 milliards de dollars). La fabrication par habitant à Oman était supérieure à celle du Yémen (33,6 de dollars); mais inférieure à celle des Émirats arabes unis (2 418,3 de dollars) et de l'Arabie saoudite (743,0 de dollars). La croissance de la fabrication à Oman était inférieure à celle des Émirats arabes unis (8,6%), du Yémen (8,0%) et de l'Arabie saoudite (4,0%).

Comparaison avec les leaders. La valeur de l'industrie de transformation à Oman était inférieure à celle des États-Unis (1,2 billions de dollars), du Japon (1,0 billions de dollars), de l'Allemagne (468,8 milliards de dollars), de l'Italie (227,8 milliards de dollars) et de la France (215,0 milliards de dollars). La fabrication par habitant à Oman était inférieure à celle du Japon (8 305,2 de dollars), de l'Allemagne (5 813,5 de dollars), des États-Unis (4 707,3 de dollars), de l'Italie (3 994,1 de dollars) et de la France (3 621,1 de dollars). La croissance de l'industrie de transformation à Oman était supérieure à celle des États-Unis (3,2%), de la France (2,4%), de l'Italie (1,2%), du Japon (1,1%) et de l'Allemagne (0,26%).

Les années 2000

La valeur ajoutée de l'industrie de transformation à Oman était de 3,2 milliards de dollars par an dans les années 2000, au 77ème rang mondial. La part dans le monde était de 0,043% et de 0,12% en Asie.

Chapitre 5.1. Fabrication

La part de la fabrication dans l'économie d'Oman était de 9,7% dans les années 2000, au 131ème rang mondial, à égalité avec la Zambie (9,7%), la Grèce (9,7%), le Nigeria (9,6%).

La fabrication par habitant à Oman était de 1274.8 dollars dans les années 2000, se classant au 55ème rang mondial, à égalité avec la Pologne (1 281,9 de dollars), la Lituanie (1 289,2 de dollars), l'Est (1 255,9 de dollars). La fabrication par habitant à Oman était 12,0% supérieure la fabrication par habitant au Monde (1 138,1 US$), et 93,4% supérieure la fabrication par habitant en Asie (659,1 US$).

La croissance de la fabrication à Oman était de 19.7% dans les années 2000, se situant au 5ème rang mondial. La croissance de la fabrication à Oman (19,7%) a été supérieure à celle du monde (4,2%), et supérieure à celle de l'Asie (10,5%).

Comparaison avec les voisins. La valeur de la fabrication à Oman était supérieure à celle du Yémen (1,1 milliards de dollars); mais inférieure à celle de l'Arabie saoudite (30,8 milliards de dollars) et des Émirats arabes unis (16,9 milliards de dollars). La fabrication par habitant à Oman était supérieure à celle du Yémen (57,7 de dollars); mais inférieure à celle des Émirats arabes unis (3 464,0 de dollars) et de l'Arabie saoudite (1 309,0 de dollars). La croissance de la fabrication à Oman était supérieure à celle de l'Arabie saoudite (6,1%), des Émirats arabes unis (5,3%) et du Yémen (4,9%).

Comparaison avec les leaders. La valeur ajoutée de l'industrie de transformation à Oman était inférieure à celle des États-Unis (1,6 billions de dollars), de la Chine (1,1 billions de dollars), du Japon (992,9 milliards de dollars), de l'Allemagne (551,4 milliards de dollars) et de l'Italie (277,2 milliards de dollars). La fabrication par habitant à Oman était supérieure à celle de la Chine (815,3 de dollars); mais inférieure à celle du Japon (7 746,3 de dollars), de l'Allemagne (6 773,6 de dollars), des États-Unis (5 600,5 de dollars) et de l'Italie (4 780,8 de dollars). La croissance de la fabrication à Oman était supérieure à celle des États-Unis (1,6%), du Japon (0,32%), de l'Allemagne (0,097%) et de l'Italie (-1,3%).

Les années 2010

La fabrication d'Oman était de 7,4 milliards de dollars par an dans les années 2010, se situant au 74ème rang mondial à égalité avec la Croatie (7,4 milliards de dollars), l'Algérie (7,4 milliards de dollars), la Bulgarie (7,5 milliards de dollars). La part dans le monde était de 0,059% et de 0,12% en Asie.

La part de la fabrication dans l'économie d'Oman était de 9,7% dans les années 2010, au 125ème rang mondial, à égalité avec le Mozambique (9,7%).

La fabrication par habitant à Oman était de 1805.7 dollars dans les années 2010, se classant au 56ème rang mondial, à égalité avec l'Argentine (1 841,2 de dollars), la Turquie (1 842,4 de dollars), Curaçao (1 766,8 de dollars). La fabrication par habitant à Oman était 6,4% supérieure la fabrication par habitant au Monde (1 697,4 US$), et 28,9% supérieure la fabrication par habitant en Asie (1 401,2 US$).

La croissance de la fabrication à Oman était de 3.4% dans les années 2010, se classant au 98ème rang mondial, à égalité avec la Mauritanie (3,3%), le Honduras (3,4%). La croissance de la fabrication à Oman (3,4%) a été inférieure à celle du monde (3,9%), et inférieure à celle de l'Asie (6,0%).

Comparaison avec les voisins. La valeur ajoutée de la fabrication à Oman était 2,8 fois supérieure à celle du Yémen (2,6 milliards de dollars); mais 11,0 fois inférieure à celle de l'Arabie saoudite (80,8 milliards de dollars) et 4,2 fois inférieure à celle des Émirats arabes unis (31,2 milliards de dollars). La fabrication par habitant à Oman était 18,2 fois supérieure à celle du Yémen (99,0 de dollars); mais 46,4% inférieure à celle des Émirats arabes unis (3 371,4 de dollars) et 30,5% inférieure à celle de l'Arabie saoudite (2 599,1 de dollars). La croissance de la fabrication à Oman était supérieure à celle du Yémen (-5,1%); mais inférieure à celle de l'Arabie saoudite (4,5%) et des Émirats arabes unis (4,2%).

Comparaison avec les leaders. Le secteur de l'industrie de transformation à Oman était 422,8 fois inférieur à celui de la Chine (3,1 billions de dollars), 281,1 fois inférieur à celui des États-Unis (2,1 billions de dollars), 143,9 fois inférieur à celui du Japon (1,1 billions de dollars), 99,8 fois inférieur à celui de l'Allemagne (735,2 milliards de dollars) et 53,0 fois inférieur à celui de la Corée du Sud (390,5 milliards de dollars). La fabrication par habitant à Oman était 5,0 fois inférieure à celle de l'Allemagne (8 981,7 de dollars), 4,6 fois inférieure à celle du Japon (8 286,2 de dollars), 4,3 fois inférieure à celle de la Corée du Sud (7 723,3 de dollars), 3,6 fois inférieure à celle des États-Unis (6 481,0 de dollars) et 18,7% inférieure à celle de la Chine (2 221,3 de dollars). La croissance de la fabrication à Oman était supérieure à celle du Japon (3,0%) et des États-Unis (1,9%); mais inférieure à celle de la Chine (7,5%), de la Corée du Sud (3,8%) et de l'Allemagne (3,5%).

Chapitre VI. Construction

(ISIC F)

La valeur ajoutée de la construction à Oman est passé de 231,3 millions de dollars par an dans les années 1970 à 4,8 milliards de dollars par an dans les années 2010, c'est-à-dire 4,6 milliards de dollars ou de 20,8 fois. La variation a été de 1,1 milliards de dollars en raison de l'augmentation de 1,3 fois des prix, et de 2,6 milliards de dollars en raison de la croissance de productivité de 3,4 fois, et de 839,7 millions de dollars en raison de la croissance démographique. La croissance annuelle moyenne de la construction était de 6,9%. La valeur minimale était de 35,8 millions de dollars en 1970. La valeur maximale était de 6,0 milliards de dollars en 2016.

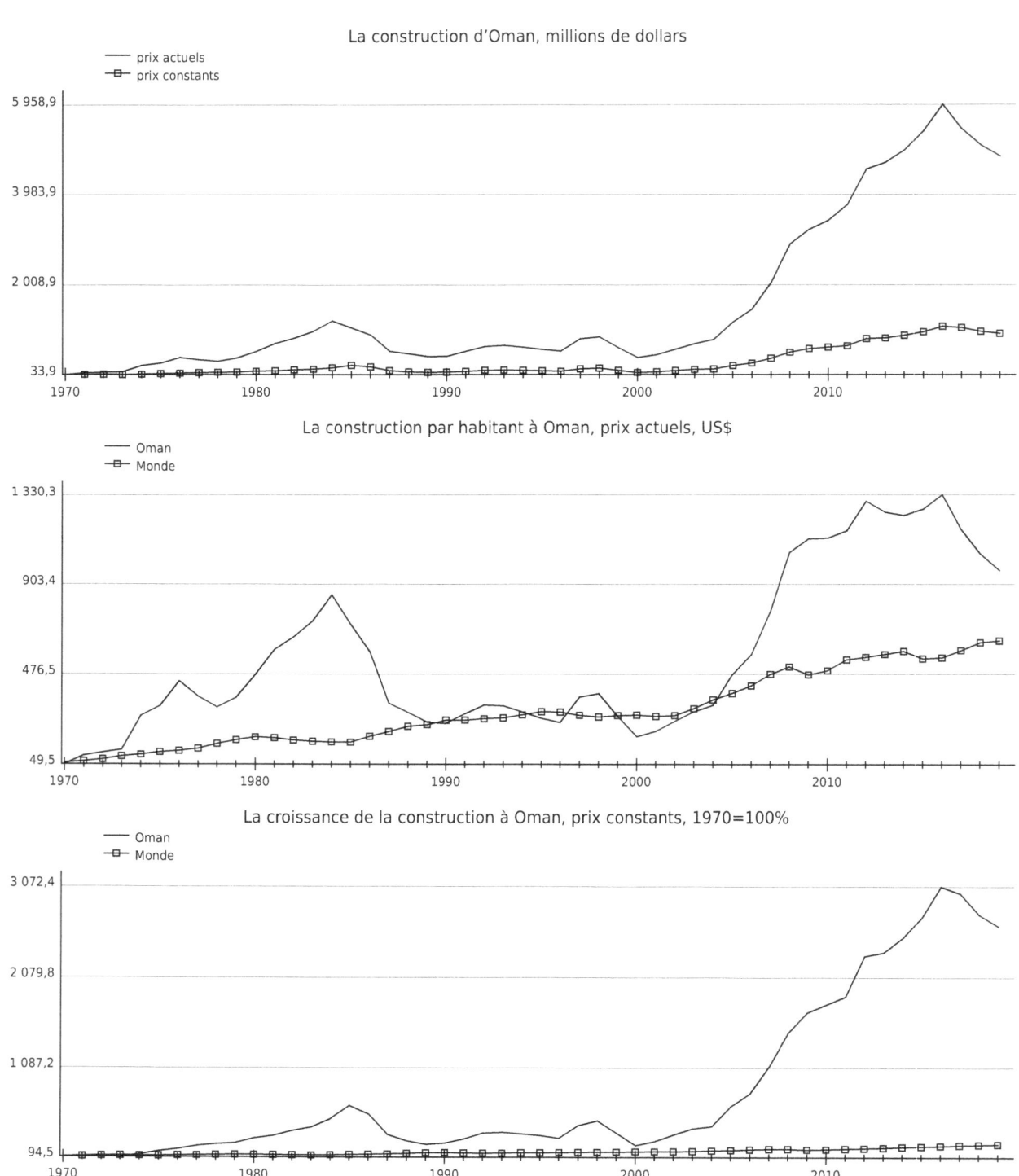

Chapitre VI. Construction

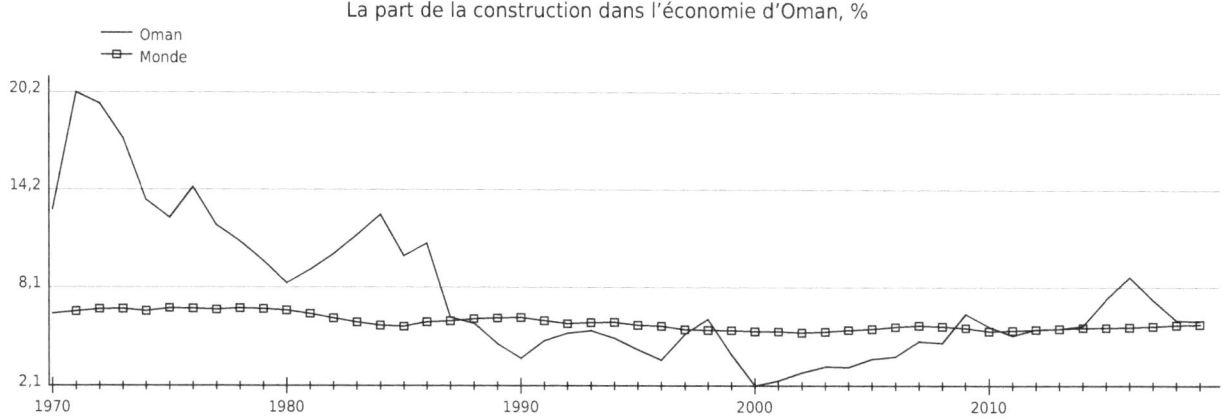

Les années 1970

La valeur ajoutée de la construction à Oman était de 231,3 millions de dollars par an dans les années 1970, se classant au 72ème rang mondial à égalité avec l'Uruguay (231,5 millions de dollars). La part dans le monde était de 0,054% et de 0,29% en Asie.

La part de la construction dans l'économie d'Oman était de 12,4% dans les années 1970, se situant au 10ème rang mondial.

La construction par habitant à Oman était de 262.5 dollars dans les années 1970, se situant au 41ème rang mondial, à égalité avec la Grèce (258,5 de dollars). La construction par habitant à Oman était 2,5 fois supérieure la construction par habitant au Monde (106,1 US$), et 7,6 fois supérieure la construction par habitant en Asie (34,4 US$).

La croissance de la construction à Oman était de 10.7% dans les années 1970, se situant au 28ème rang mondial, à égalité avec les Îles Turks-et-Caïcos (10,7%). La croissance de la construction à Oman (10,7%) a été supérieure à celle du monde (2,1%), et supérieure à celle de l'Asie (5,1%).

Comparaison avec les voisins. La valeur ajoutée de la construction à Oman était supérieure à celle du Yémen (72,5 millions de dollars); mais inférieure à celle de l'Arabie saoudite (3,6 milliards de dollars) et des Émirats arabes unis (2,2 milliards de dollars). La construction par habitant à Oman était supérieure à celle du Yémen (10,6 de dollars); mais inférieure à celle des Émirats arabes unis (4 061,6 de dollars) et de l'Arabie saoudite (489,5 de dollars). La croissance de la construction à Oman était inférieure à celle de l'Arabie saoudite (21,3%), du Yémen (19,4%) et des Émirats arabes unis (16,1%).

Comparaison avec les leaders. Le secteur de la construction à Oman était inférieur à celui des États-Unis (81,1 milliards de dollars), de l'URSS (52,5 milliards de dollars), du Japon (43,5 milliards de dollars), de l'Allemagne (33,8 milliards de dollars) et de la France (22,4 milliards de dollars). La construction par habitant à Oman était supérieure à celle de l'URSS (208,1 de dollars); mais inférieure à celle de l'Allemagne (428,6 de dollars), de la France (417,3 de dollars), du Japon (390,8 de dollars) et des États-Unis (371,5 de dollars). La croissance de la construction à Oman était supérieure à celle de l'URSS (6,5%), du Japon (3,4%), de la France (2,0%), de l'Allemagne (0,66%) et des États-Unis (0,31%).

Les années 1980

La valeur ajoutée de la construction à Oman était de 778,4 millions de dollars par an dans les années 1980, se situant au 63ème rang mondial à égalité avec le Koweït (773,6 millions de dollars), le Pérou (770,5 millions de dollars), l'Équateur (765,7 millions de dollars). La part dans le monde était de 0,086% et de 0,33% en Asie.

La part de la construction dans l'économie d'Oman était de 9,0% dans les années 1980, se classant au 23ème rang mondial, à égalité avec Djibouti (9,0%).

La construction par habitant à Oman était de 534.8 dollars dans les années 1980, se situant au 38ème rang mondial, à égalité avec l'Espagne (543,1 de dollars), l'Irlande (524,8 de dollars). La construction par habitant à Oman était 2,9 fois supérieure la construction par habitant au Monde (186,2 US$), et 6,4 fois supérieure la construction par habitant en Asie (83,3 US$).

La croissance de la construction à Oman était de -0.6% dans les années 1980, au 137ème rang mondial. La croissance de la construction à Oman (-0,58%) a été inférieure à celle du monde (1,7%), et inférieure à celle de l'Asie (2,7%).

Comparaison avec les voisins. Le secteur de la construction à Oman était supérieur à celui du Yémen (194,4 millions de dollars); mais inférieur à celui de l'Arabie saoudite (10,4 milliards de dollars) et des Émirats arabes unis (5,2 milliards de dollars). La construction par habitant à Oman était supérieure à celle du Yémen (20,6 de dollars); mais inférieure à celle des Émirats arabes unis (3 826,7 de dollars) et de l'Arabie saoudite (821,3 de dollars). La croissance de la construction à Oman était supérieure à celle de l'Arabie saoudite (-4,5%); mais inférieure à celle du Yémen (-0,24%) et des Émirats arabes unis (-0,37%).

Comparaison avec les leaders. La valeur de la construction à Oman était inférieure à celle des États-Unis (180,6 milliards de dollars), du Japon (138,7 milliards de dollars), de l'URSS (72,1 milliards de dollars), de l'Allemagne (57,8 milliards de dollars) et de la France (42,5 milliards de dollars). La construction par habitant à Oman était supérieure à celle de l'URSS (262,0 de dollars); mais inférieure à celle du Japon (1 143,9 de dollars), des États-Unis (754,4 de dollars), de la France (751,9 de dollars) et de l'Allemagne (740,2 de dollars). La croissance de la construction à Oman était inférieure à celle de l'URSS (6,2%), du Japon (2,1%), des États-Unis (1,1%), de la France (0,67%) et de l'Allemagne (-0,52%).

Les années 1990

La valeur ajoutée de la construction à Oman était de 644,3 millions de dollars par an dans les années 1990, se classant au 74ème rang mondial à égalité avec le Sri Lanka (641,7 millions de dollars), l'Équateur (632,3 millions de dollars). La part dans le monde était de 0,041% et de 0,12% en Asie.

La part de la construction dans l'économie d'Oman était de 4,8% dans les années 1990, se classant au 137ème rang mondial, à égalité avec le Tadjikistan (4,8%), l'Égypte (4,8%), la Géorgie (4,8%).

La construction par habitant à Oman était de 305.3 dollars dans les années 1990, au 65ème rang mondial, à égalité avec l'Est (301,8 de dollars). La construction par habitant à Oman était 9,6% supérieure la construction par habitant au Monde (278,6 US$), et 92,2% supérieure la construction par habitant en Asie (158,8 US$).

La croissance de la construction à Oman était de 4.4% dans les années 1990, se situant au 72ème rang mondial, à égalité avec Hong Kong (4,4%). La croissance de la construction à Oman (4,4%) a été supérieure à celle du monde (0,71%), et supérieure à celle de l'Asie (2,3%).

Comparaison avec les voisins. La construction d'Oman était supérieure à celle du Yémen (233,2 millions de dollars); mais inférieure à celle de l'Arabie saoudite (9,5 milliards de dollars) et des Émirats arabes unis (7,2 milliards de dollars). La construction par habitant à Oman était supérieure à celle du Yémen (16,1 de dollars); mais inférieure à celle des Émirats arabes unis (3 028,1 de dollars) et de l'Arabie saoudite (518,1 de dollars). La croissance de la construction à Oman était supérieure à celle des Émirats arabes unis (3,7%), de l'Arabie saoudite (2,2%) et du Yémen (-5,4%).

Comparaison avec les leaders. La construction d'Oman était inférieure à celle du Japon (343,2 milliards de dollars), des États-Unis (299,1 milliards de dollars), de l'Allemagne (125,2 milliards de dollars), du Royaume-Uni (69,8 milliards de dollars) et de la France (68,8 milliards de dollars). La construction par habitant à Oman était inférieure à celle du Japon (2 721,7 de dollars), de l'Allemagne (1 552,3 de dollars), du Royaume-Uni (1 205,1 de dollars), de la France (1 158,8 de dollars) et des États-Unis (1 131,2 de dollars). La croissance de la construction à Oman était supérieure à celle des États-Unis (1,8%), de l'Allemagne (-0,047%), du Royaume-Uni (-0,34%), de la France (-0,65%) et du Japon (-1,0%).

Les années 2000

La construction d'Oman était de 1,4 milliards de dollars par an dans les années 2000, se situant au 80ème rang mondial à égalité avec la Tunisie (1,4 milliards de dollars), la Lettonie (1,4 milliards de dollars), le Sri Lanka (1,4 milliards de dollars). La part dans le monde était de 0,056% et de 0,19% en Asie.

La part de la construction dans l'économie d'Oman était de 4,2% dans les années 2000, au 165ème rang mondial, à égalité avec la Somalie (4,2%), Nauru (4,2%), l'Ukraine (4,2%).

La construction par habitant à Oman était de 551.7 dollars dans les années 2000, au 71ème rang mondial, à égalité avec la Pologne (553,8 de dollars), Porto Rico (556,3 de dollars), le Venezuela (563,8 de dollars). La construction par habitant à Oman était 44,7% supérieure la construction par habitant au Monde (381,3 US$), et 3,0 fois supérieure la construction par habitant en Asie (181,9 US$).

La croissance de la construction à Oman était de 16.6% dans les années 2000, au 14ème rang mondial. La croissance de la construction à Oman (16,6%) a été supérieure à celle du monde (1,5%), et supérieure à celle de l'Asie (4,4%).

Comparaison avec les voisins. La valeur de la construction à Oman était supérieure à celle du Yémen (874,2 millions de dollars); mais

Chapitre VI. Construction

inférieure à celle des Émirats arabes unis (17,4 milliards de dollars) et de l'Arabie saoudite (15,7 milliards de dollars). La construction par habitant à Oman était supérieure à celle du Yémen (44,0 de dollars); mais inférieure à celle des Émirats arabes unis (3 576,6 de dollars) et de l'Arabie saoudite (666,3 de dollars). La croissance de la construction à Oman était supérieure à celle du Yémen (11,0%), des Émirats arabes unis (9,8%) et de l'Arabie saoudite (5,7%).

Comparaison avec les leaders. La valeur de la construction à Oman était inférieure à celle des États-Unis (583,0 milliards de dollars), du Japon (270,5 milliards de dollars), de la Chine (150,1 milliards de dollars), du Royaume-Uni (132,1 milliards de dollars) et de l'Espagne (111,8 milliards de dollars). La construction par habitant à Oman était supérieure à celle de la Chine (113,1 de dollars); mais inférieure à celle de l'Espagne (2 560,2 de dollars), du Royaume-Uni (2 186,4 de dollars), du Japon (2 110,1 de dollars) et des États-Unis (1 983,7 de dollars). La croissance de la construction à Oman était supérieure à celle de la Chine (11,9%), de l'Espagne (1,7%), du Royaume-Uni (0,17%), des États-Unis (-2,6%) et du Japon (-3,9%).

Les années 2010

La valeur ajoutée de la construction à Oman était de 4,8 milliards de dollars par an dans les années 2010, se situant au 70ème rang mondial. La part dans le monde était de 0,11% et de 0,28% en Asie.

La part de la construction dans l'économie d'Oman était de 6,3% dans les années 2010, se classant au 89ème rang mondial, à égalité avec le Laos (6,3%), l'Afrique du Nord (6,3%), la Nouvelle-Zélande (6,4%).

La construction par habitant à Oman était de 1176.7 dollars dans les années 2010, se classant au 51ème rang mondial, à égalité avec la Slovénie (1 167,1 de dollars), les Amériques (1 189,0 de dollars), l'Arabie saoudite (1 197,0 de dollars). La construction par habitant à Oman était 2,1 fois supérieure la construction par habitant au Monde (572,1 US$), et 3,0 fois supérieure la construction par habitant en Asie (392,9 US$).

La croissance de la construction à Oman était de 4.5% dans les années 2010, se situant au 77ème rang mondial, à égalité avec Sao Tomé-et-Principe (4,5%), le Suriname (4,5%), les Palaos (4,6%). La croissance de la construction à Oman (4,5%) a été supérieure à celle du monde (2,9%), et inférieure à celle de l'Asie (5,6%).

Comparaison avec les voisins. La valeur ajoutée de la construction à Oman était 4,0 fois supérieure à celle du Yémen (1,2 milliards de dollars); mais 7,8 fois inférieure à celle de l'Arabie saoudite (37,2 milliards de dollars) et 7,0 fois inférieure à celle des Émirats arabes unis (33,4 milliards de dollars). La construction par habitant à Oman était 25,9 fois supérieure à celle du Yémen (45,4 de dollars); mais 3,1 fois inférieure à celle des Émirats arabes unis (3 605,5 de dollars) et 1,7% inférieure à celle de l'Arabie saoudite (1 197,0 de dollars). La croissance de la construction à Oman était supérieure à celle de l'Arabie saoudite (3,7%), des Émirats arabes unis (0,51%) et du Yémen (-10,9%).

Comparaison avec les leaders. La valeur ajoutée de la construction à Oman était 152,3 fois inférieure à celle de la Chine (731,1 milliards de dollars), 141,8 fois inférieure à celle des États-Unis (680,8 milliards de dollars), 58,0 fois inférieure à celle du Japon (278,7 milliards de dollars), 35,0 fois inférieure à celle de l'Inde (168,1 milliards de dollars) et 31,9 fois inférieure à celle de l'Allemagne (153,2 milliards de dollars). La construction par habitant à Oman était 2,3 fois supérieure à celle de la Chine (521,3 de dollars) et 9,1 fois supérieure à celle de l'Inde (129,1 de dollars); mais 46,0% inférieure à celle du Japon (2 178,3 de dollars), 44,8% inférieure à celle des États-Unis (2 130,9 de dollars) et 37,1% inférieure à celle de l'Allemagne (1 871,9 de dollars). La croissance de la construction à Oman était supérieure à celle de l'Allemagne (1,8%), du Japon (1,7%) et des États-Unis (1,4%); mais inférieure à celle de la Chine (8,2%) et de l'Inde (5,2%).

Chapitre VII. Transport

Transport et stockage (ISIC I)

La valeur ajoutée du transport à Oman est passé de 38,9 millions de dollars par an dans les années 1970 à 3,9 milliards de dollars par an dans les années 2010, c'est-à-dire 3,9 milliards de dollars ou de 100,3 fois. La variation a été de 1,3 milliards de dollars en raison de l'augmentation de 1,5 fois des prix, et de 2,5 milliards de dollars en raison de la croissance de productivité de 14,6 fois, et de 141,4 millions de dollars en raison de la croissance démographique. La croissance annuelle moyenne du transport était de 10,3%. La valeur minimale était de 1,3 millions de dollars en 1970. La valeur maximale était de 4,5 milliards de dollars en 2018.

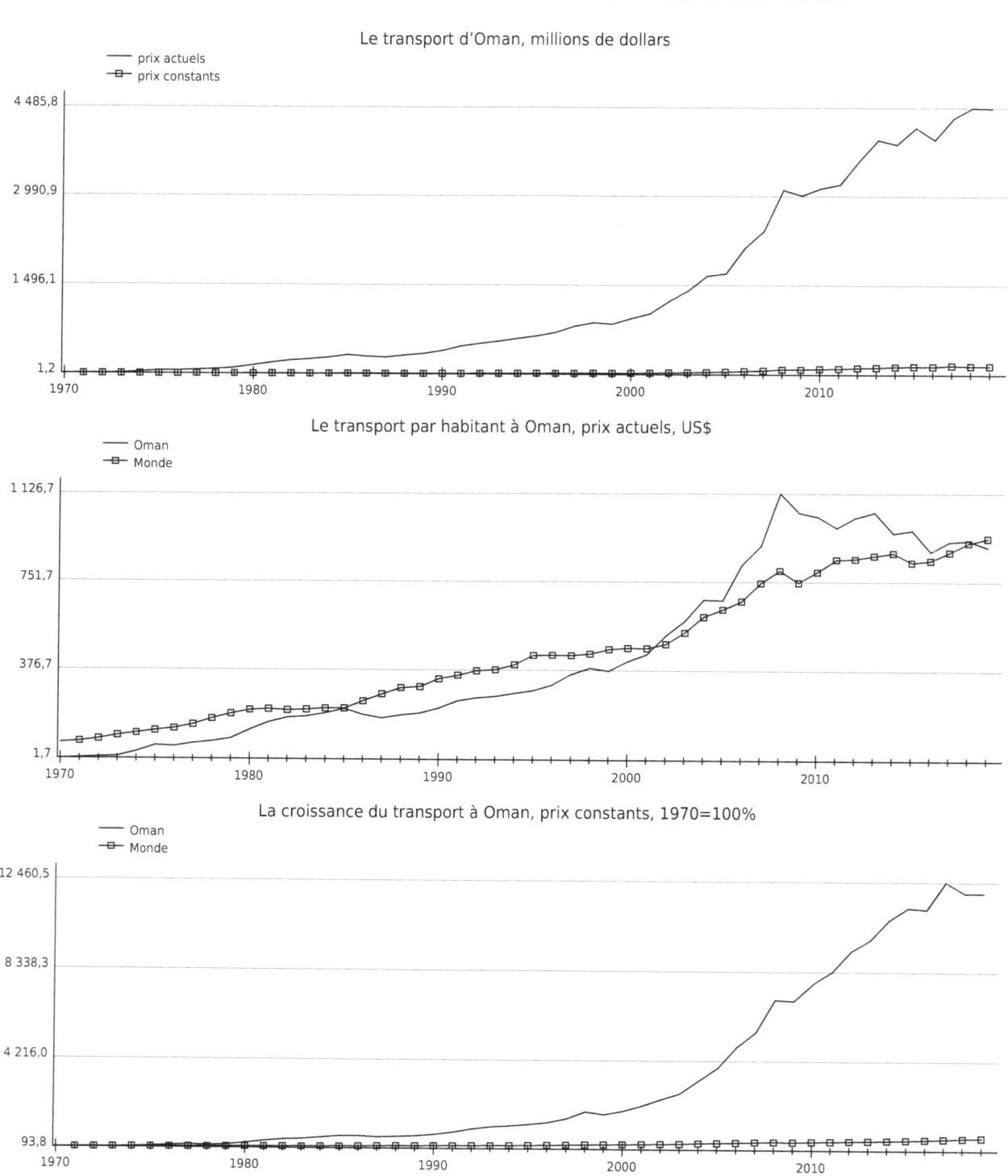

Chapitre VII. Transport

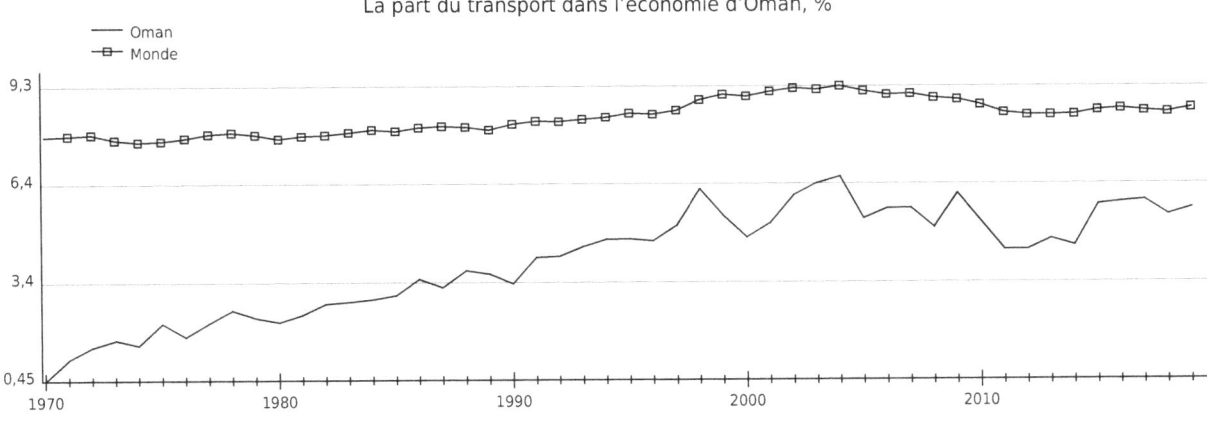

Les années 1970

La valeur ajoutée du transport à Oman était de 38,9 millions de dollars par an dans les années 1970, au 122ème rang mondial. La part dans le monde était de 0,0079% et de 0,049% en Asie.

La part du transport dans l'économie d'Oman était de 2,1% dans les années 1970, se classant au 175ème rang mondial.

Le transport par habitant à Oman était de 44.2 dollars dans les années 1970, au 109ème rang mondial, à égalité avec les Tuvalu (43,7 de dollars), Saint-Vincent-et-les-Grenadines (43,1 de dollars), le Honduras (45,3 de dollars). Le transport par habitant à Oman était 2,8 fois inférieur le transport par habitant au Monde (122,3 US$), et 28,7% supérieur le transport par habitant en Asie (34,3 US$).

La croissance du transport à Oman était de 9.9% dans les années 1970, se situant au 24ème rang mondial. La croissance du transport à Oman (9,9%) a été supérieure à celle du monde (4,6%), et supérieure à celle de l'Asie (4,1%).

Comparaison avec les voisins. La valeur du transport à Oman était inférieure à celle de l'Arabie saoudite (1,2 milliards de dollars), des Émirats arabes unis (561,4 millions de dollars) et du Yémen (103,3 millions de dollars). Le transport par habitant à Oman était supérieur à celui du Yémen (15,2 de dollars); mais inférieur à celui des Émirats arabes unis (1 040,8 de dollars) et de l'Arabie saoudite (168,0 de dollars). La croissance du transport à Oman était inférieure à celle des Émirats arabes unis (15,1%), de l'Arabie saoudite (11,5%) et du Yémen (10,1%).

Comparaison avec les leaders. La valeur du transport à Oman était inférieure à celle des États-Unis (168,6 milliards de dollars), du Japon (46,4 milliards de dollars), de l'Allemagne (29,6 milliards de dollars), de l'URSS (28,8 milliards de dollars) et de la France (24,0 milliards de dollars). Le transport par habitant à Oman était inférieur à celui des États-Unis (772,4 de dollars), de la France (447,4 de dollars), du Japon (416,6 de dollars), de l'Allemagne (376,1 de dollars) et de l'URSS (114,0 de dollars). La croissance du transport à Oman était supérieure à celle de l'URSS (8,1%), des États-Unis (4,2%), de la France (4,1%), de l'Allemagne (3,0%) et du Japon (1,7%).

Les années 1980

Le secteur du transport à Oman était de 265,8 millions de dollars par an dans les années 1980, se classant au 99ème rang mondial. La part dans le monde était de 0,023% et de 0,11% en Asie.

La part du transport dans l'économie d'Oman était de 3,1% dans les années 1980, se classant au 169ème rang mondial, à égalité avec la Mauritanie (3,1%).

Le transport par habitant à Oman était de 182.6 dollars dans les années 1980, se situant au 71ème rang mondial, à égalité avec les Caraïbes (184,1 de dollars), le Suriname (185,8 de dollars). Le transport par habitant à Oman était 24,6% inférieur le transport par habitant au Monde (242,0 US$), et 2,1 fois supérieur le transport par habitant en Asie (86,8 US$).

La croissance du transport à Oman était de 11.2% dans les années 1980, se situant au 6ème rang mondial. La croissance du transport à Oman (11,2%) a été supérieure à celle du monde (3,4%), et supérieure à celle de l'Asie (5,2%).

Comparaison avec les voisins. Le transport d'Oman était inférieur à celui de l'Arabie saoudite (4,9 milliards de dollars), des Émirats arabes unis (2,0 milliards de dollars) et du Yémen (306,7 millions de dollars). Le transport par habitant à Oman était supérieur à celui du Yémen (32,4 de dollars); mais inférieur à celui des Émirats arabes unis (1 462,8 de dollars) et de l'Arabie saoudite (387,1 de dollars). La croissance du transport à Oman était supérieure à celle du Yémen (5,2%), des Émirats arabes unis (3,6%) et de l'Arabie saoudite (2,5%).

Comparaison avec les leaders. Le transport d'Oman était inférieur à celui des États-Unis (394,9 milliards de dollars), du Japon (147,7 milliards de dollars), de l'Allemagne (56,6 milliards de dollars), de la France (56,2 milliards de dollars) et du Royaume-Uni (53,0 milliards de dollars). Le transport par habitant à Oman était inférieur à celui des États-Unis (1 649,2 de dollars), du Japon (1 217,8 de dollars), de la France (993,7 de dollars), du Royaume-Uni (938,7 de dollars) et de l'Allemagne (725,5 de dollars). La croissance du transport à Oman était supérieure à celle de la France (5,4%), du Japon (4,7%), des États-Unis (3,6%), du Royaume-Uni (3,0%) et de l'Allemagne (1,8%).

Les années 1990

Le secteur du transport à Oman était de 641,9 millions de dollars par an dans les années 1990, se situant au 92ème rang mondial. La part dans le monde était de 0,028% et de 0,10% en Asie.

La part du transport dans l'économie d'Oman était de 4,8% dans les années 1990, se situant au 177ème rang mondial, à égalité avec le Kirghizistan (4,8%).

Le transport par habitant à Oman était de 304.1 dollars dans les années 1990, se classant au 80ème rang mondial, à égalité avec l'Amérique centrale (304,3 de dollars), l'Afrique du Sud (303,7 de dollars), l'Asie de l'Ouest (305,9 de dollars). Le transport par habitant à Oman était 25,7% inférieur le transport par habitant au Monde (409,5 US$), et 71,6% supérieur le transport par habitant en Asie (177,2 US$).

La croissance du transport à Oman était de 9.8% dans les années 1990, se classant au 19ème rang mondial, à égalité avec le Rwanda (9,7%), le Qatar (9,8%), les Îles Turks-et-Caïcos (9,8%). La croissance du transport à Oman (9,8%) a été supérieure à celle du monde (4,0%), et supérieure à celle de l'Asie (5,4%).

Comparaison avec les voisins. Le transport d'Oman était inférieur à celui de l'Arabie saoudite (6,5 milliards de dollars), des Émirats arabes unis (4,1 milliards de dollars) et du Yémen (740,0 millions de dollars). Le transport par habitant à Oman était supérieur à celui du Yémen (51,2 de dollars); mais inférieur à celui des Émirats arabes unis (1 735,0 de dollars) et de l'Arabie saoudite (354,5 de dollars). La croissance du transport à Oman était supérieure à celle des Émirats arabes unis (6,2%), du Yémen (4,9%) et de l'Arabie saoudite (2,9%).

Comparaison avec les leaders. Le transport d'Oman était inférieur à celui des États-Unis (702,6 milliards de dollars), du Japon (373,9 milliards de dollars), de l'Allemagne (144,3 milliards de dollars), de la France (118,7 milliards de dollars) et du Royaume-Uni (117,6 milliards de dollars). Le transport par habitant à Oman était inférieur à celui du Japon (2 965,8 de dollars), des États-Unis (2 656,9 de dollars), du Royaume-Uni (2 031,3 de dollars), de la France (1 999,2 de dollars) et de l'Allemagne (1 789,0 de dollars). La croissance du transport à Oman était supérieure à celle des États-Unis (5,0%), de la France (4,8%), du Royaume-Uni (4,7%), de l'Allemagne (3,9%) et du Japon (3,0%).

Les années 2000

Le secteur du transport à Oman était de 1,9 milliards de dollars par an dans les années 2000, se situant au 83ème rang mondial à égalité avec l'Ouzbékistan (1,9 milliards de dollars), la Birmanie (1,9 milliards de dollars), le Qatar (1,8 milliards de dollars). La part dans le monde était de 0,046% et de 0,18% en Asie.

La part du transport dans l'économie d'Oman était de 5,6% dans les années 2000, se classant au 179ème rang mondial, à égalité avec le Lesotho (5,6%).

Le transport par habitant à Oman était de 739.5 dollars dans les années 2000, se situant au 73ème rang mondial, à égalité avec Sainte-Lucie (748,8 de dollars). Le transport par habitant à Oman était 19,1% supérieur le transport par habitant au Monde (621,1 US$), et 2,8 fois supérieur le transport par habitant en Asie (264,8 US$).

La croissance du transport à Oman était de 15.1% dans les années 2000, au 11ème rang mondial, à égalité avec l'Azerbaïdjan (15,1%), la Zambie (15,2%). La croissance du transport à Oman (15,1%) a été supérieure à celle du monde (3,9%), et supérieure à celle de l'Asie (5,4%).

Comparaison avec les voisins. La valeur ajoutée du transport à Oman était inférieure à celle des Émirats arabes unis (15,3 milliards de dollars), de l'Arabie saoudite (12,9 milliards de dollars) et du Yémen (2,2 milliards de dollars). Le transport par habitant à Oman était

Chapitre VII. Transport

supérieur à celui de l'Arabie saoudite (549,7 de dollars) et du Yémen (110,8 de dollars); mais inférieur à celui des Émirats arabes unis (3 128,5 de dollars). La croissance du transport à Oman était supérieure à celle de l'Arabie saoudite (11,8%), des Émirats arabes unis (10,8%) et du Yémen (10,4%).

Comparaison avec les leaders. Le secteur du transport à Oman était inférieur à celui des États-Unis (1,2 billions de dollars), du Japon (468,5 milliards de dollars), de l'Allemagne (228,2 milliards de dollars), du Royaume-Uni (215,9 milliards de dollars) et de la France (185,6 milliards de dollars). Le transport par habitant à Oman était inférieur à celui des États-Unis (4 029,0 de dollars), du Japon (3 655,1 de dollars), du Royaume-Uni (3 572,9 de dollars), de la France (2 955,1 de dollars) et de l'Allemagne (2 803,7 de dollars). La croissance du transport à Oman était supérieure à celle de l'Allemagne (3,4%), du Royaume-Uni (3,1%), des États-Unis (3,1%), de la France (2,7%) et du Japon (1,5%).

Les années 2010

Le transport d'Oman était de 3,9 milliards de dollars par an dans les années 2010, se classant au 85ème rang mondial. La part dans le monde était de 0,062% et de 0,21% en Asie.

La part du transport dans l'économie d'Oman était de 5,1% dans les années 2010, se situant au 185ème rang mondial, à égalité avec la Namibie (5,1%), les Bermudes (5,1%), la Guinée équatoriale (5,1%).

Le transport par habitant à Oman était de 957.5 dollars dans les années 2010, au 77ème rang mondial, à égalité avec la Dominique (960,8 de dollars). Le transport par habitant à Oman était 10,7% supérieur le transport par habitant au Monde (864,8 US$), et 2,2 fois supérieur le transport par habitant en Asie (430,2 US$).

La croissance du transport à Oman était de 5.5% dans les années 2010, au 70ème rang mondial, à égalité avec les Salomon (5,4%), l'Asie du Sud (5,5%), la Turquie (5,5%). La croissance du transport à Oman (5,5%) a été supérieure à celle du monde (4,0%), et supérieure à celle de l'Asie (4,7%).

Comparaison avec les voisins. Le transport d'Oman était 12,3% supérieur à celui du Yémen (3,5 milliards de dollars); mais 9,9 fois inférieur à celui de l'Arabie saoudite (38,8 milliards de dollars) et 8,2 fois inférieur à celui des Émirats arabes unis (32,1 milliards de dollars). Le transport par habitant à Oman était 7,2 fois supérieur à celui du Yémen (133,0 de dollars); mais 3,6 fois inférieur à celui des Émirats arabes unis (3 465,7 de dollars) et 23,2% inférieur à celui de l'Arabie saoudite (1 247,0 de dollars). La croissance du transport à Oman était supérieure à celle des Émirats arabes unis (3,3%) et du Yémen (-8,7%); mais inférieure à celle de l'Arabie saoudite (6,2%).

Comparaison avec les leaders. La valeur du transport à Oman était 457,8 fois inférieure à celle des États-Unis (1,8 billions de dollars), 135,6 fois inférieure à celle du Japon (529,8 milliards de dollars), 118,8 fois inférieure à celle de la Chine (464,2 milliards de dollars), 76,8 fois inférieure à celle de l'Allemagne (300,0 milliards de dollars) et 66,0 fois inférieure à celle du Royaume-Uni (257,7 milliards de dollars). Le transport par habitant à Oman était 2,9 fois supérieur à celui de la Chine (331,0 de dollars); mais 5,8 fois inférieur à celui des États-Unis (5 597,8 de dollars), 4,3 fois inférieur à celui du Japon (4 141,7 de dollars), 4,1 fois inférieur à celui du Royaume-Uni (3 929,2 de dollars) et 3,8 fois inférieur à celui de l'Allemagne (3 665,2 de dollars). La croissance du transport à Oman était supérieure à celle des États-Unis (5,1%), du Royaume-Uni (2,8%), de l'Allemagne (2,7%) et du Japon (0,81%); mais inférieure à celle de la Chine (7,5%).

Chapitre VIII. Commerce

Commerce de gros et de détail; restaurants et hôtels (ISIC G-H)

Le commerce d'Oman est passé de 106,1 millions de dollars par an dans les années 1970 à 6,1 milliards de dollars par an dans les années 2010, c'est-à-dire 6,0 milliards de dollars ou de 57,1 fois. La variation a été de 4,4 milliards de dollars en raison de l'augmentation de 3,7 fois des prix, et de 1,1 milliards de dollars en raison de la croissance de productivité de 3,3 fois, et de 385,2 millions de dollars en raison de la croissance démographique. La croissance annuelle moyenne du commerce était de 6,8%. La valeur minimale était de 4,6 millions de dollars en 1970. La valeur maximale était de 6,7 milliards de dollars en 2017.

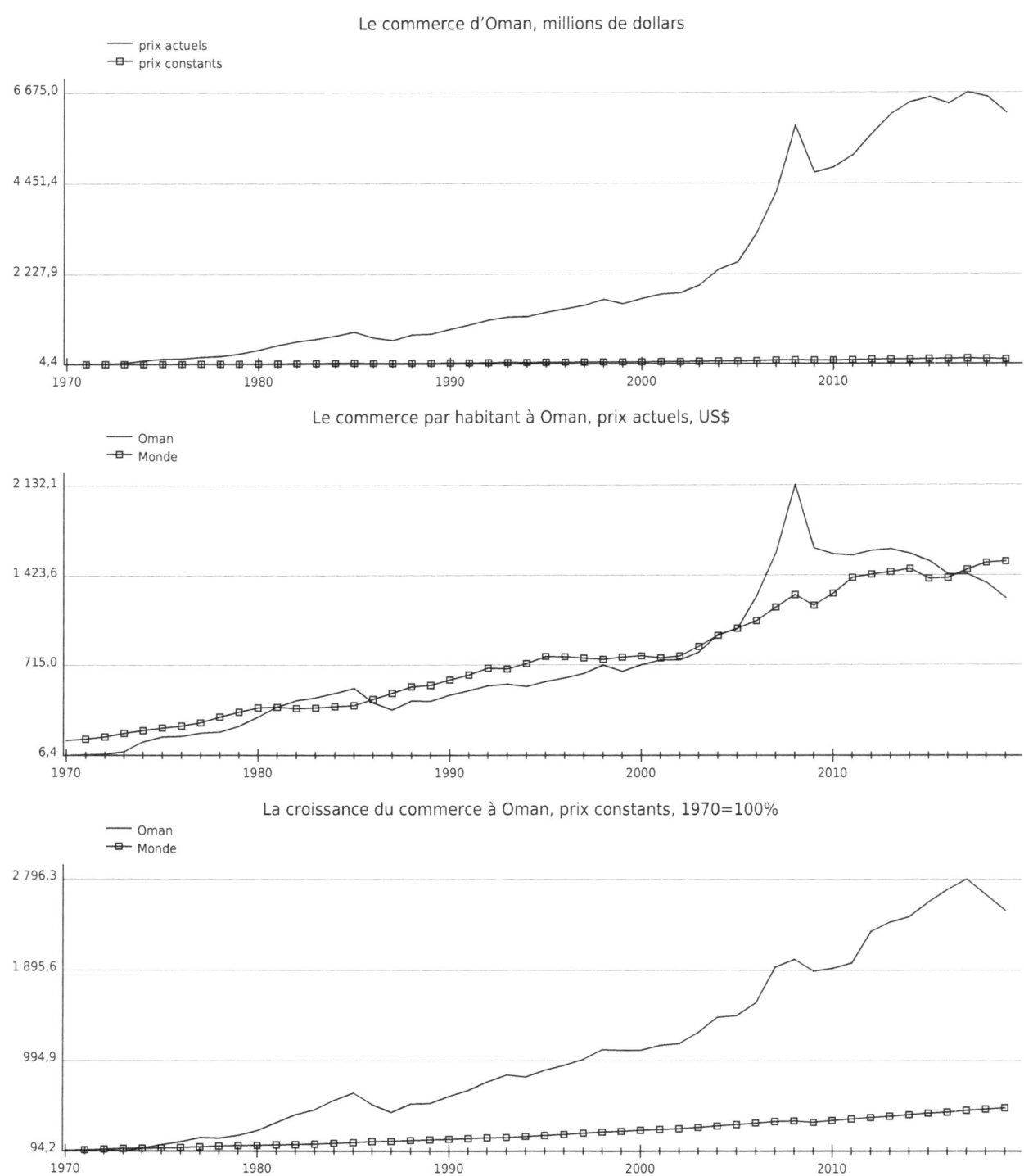

Chapitre VIII. Commerce

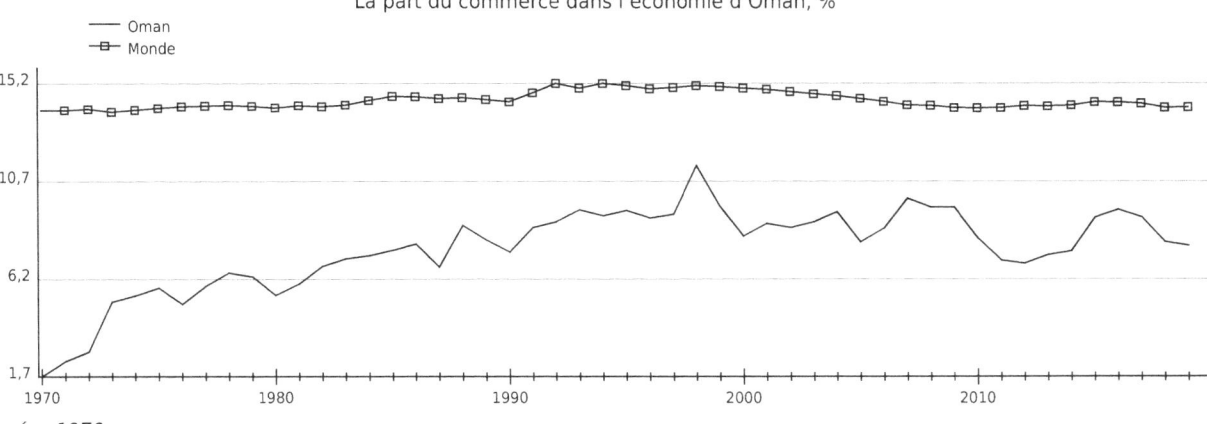

Les années 1970

Le commerce d'Oman était de 106,1 millions de dollars par an dans les années 1970, se classant au 121ème rang mondial à égalité avec le Suriname (103,7 millions de dollars). La part dans le monde était de 0,012% et de 0,068% en Asie.

La part du commerce dans l'économie d'Oman était de 5,7% dans les années 1970, au 175ème rang mondial, à égalité avec l'Irak (5,7%), la Roumanie (5,7%).

Le commerce par habitant à Oman était de 120.4 dollars dans les années 1970, se situant au 97ème rang mondial, à égalité avec l'Iran (119,0 de dollars), le Nicaragua (122,8 de dollars), le Brésil (122,9 de dollars). Le commerce par habitant à Oman était 45,5% inférieur le commerce par habitant au Monde (221,0 US$), et 78,8% supérieur le commerce par habitant en Asie (67,4 US$).

La croissance du commerce à Oman était de 10.8% dans les années 1970, se classant au 10ème rang mondial, à égalité avec la Malaisie (10,7%). La croissance du commerce à Oman (10,8%) a été supérieure à celle du monde (4,5%), et supérieure à celle de l'Asie (7,7%).

Comparaison avec les voisins. La valeur du commerce à Oman était inférieure à celle des Émirats arabes unis (2,0 milliards de dollars), de l'Arabie saoudite (1,8 milliards de dollars) et du Yémen (176,9 millions de dollars). Le commerce par habitant à Oman était supérieur à celui du Yémen (26,0 de dollars); mais inférieur à celui des Émirats arabes unis (3 785,1 de dollars) et de l'Arabie saoudite (248,5 de dollars). La croissance du commerce à Oman était supérieure à celle du Yémen (7,1%); mais inférieure à celle de l'Arabie saoudite (20,1%) et des Émirats arabes unis (12,0%).

Comparaison avec les leaders. Le secteur du commerce à Oman était inférieur à celui des États-Unis (278,3 milliards de dollars), du Japon (90,3 milliards de dollars), de l'URSS (62,3 milliards de dollars), de l'Allemagne (61,1 milliards de dollars) et de la France (40,9 milliards de dollars). Le commerce par habitant à Oman était inférieur à celui des États-Unis (1 275,1 de dollars), du Japon (811,1 de dollars), de l'Allemagne (775,5 de dollars), de la France (762,4 de dollars) et de l'URSS (247,1 de dollars). La croissance du commerce à Oman était supérieure à celle du Japon (8,2%), de l'URSS (5,2%), de la France (3,9%), des États-Unis (3,9%) et de l'Allemagne (3,0%).

Les années 1980

Le commerce d'Oman était de 624,2 millions de dollars par an dans les années 1980, se situant au 93ème rang mondial. La part dans le monde était de 0,030% et de 0,13% en Asie.

La part du commerce dans l'économie d'Oman était de 7,2% dans les années 1980, au 173ème rang mondial, à égalité avec le Gabon (7,3%).

Le commerce par habitant à Oman était de 428.8 dollars dans les années 1980, se classant au 66ème rang mondial, à égalité avec le Monde (437,7 de dollars). Le commerce par habitant à Oman était 2,0% inférieur le commerce par habitant au Monde (437,7 US$), et 2,6 fois supérieur le commerce par habitant en Asie (166,8 US$).

La croissance du commerce à Oman était de 8.5% dans les années 1980, se situant au 11ème rang mondial. La croissance du commerce à Oman (8,5%) a été supérieure à celle du monde (3,3%), et supérieure à celle de l'Asie (5,8%).

Comparaison avec les voisins. Le secteur du commerce à Oman était supérieur à celui du Yémen (392,3 millions de dollars); mais inférieur à celui de l'Arabie saoudite (8,0 milliards de dollars) et des Émirats arabes unis (6,9 milliards de dollars). Le commerce par habitant à Oman était supérieur à celui du Yémen (41,5 de dollars); mais inférieur à celui des Émirats arabes unis (5 134,7 de dollars) et de l'Arabie saoudite (628,4 de dollars). La croissance du commerce à Oman était supérieure à celle du Yémen (4,2%), de l'Arabie saoudite (3,6%) et des Émirats arabes unis (2,1%).

Comparaison avec les leaders. Le commerce d'Oman était inférieur à celui des États-Unis (653,3 milliards de dollars), du Japon (277,3 milliards de dollars), de l'Allemagne (116,7 milliards de dollars), de l'URSS (112,3 milliards de dollars) et de l'Italie (95,7 milliards de dollars). Le commerce par habitant à Oman était supérieur à celui de l'URSS (408,1 de dollars); mais inférieur à celui des États-Unis (2 728,2 de dollars), du Japon (2 286,5 de dollars), de l'Italie (1 684,2 de dollars) et de l'Allemagne (1 496,0 de dollars). La croissance du commerce à Oman était supérieure à celle du Japon (4,9%), des États-Unis (4,4%), de l'Italie (2,3%), de l'Allemagne (1,8%) et de l'URSS (-0,62%).

Les années 1990

Le commerce d'Oman était de 1,2 milliards de dollars par an dans les années 1990, se classant au 93ème rang mondial. La part dans le monde était de 0,030% et de 0,11% en Asie.

La part du commerce dans l'économie d'Oman était de 9,3% dans les années 1990, se situant au 181ème rang mondial.

Le commerce par habitant à Oman était de 591.5 dollars dans les années 1990, se classant au 71ème rang mondial, à égalité avec la Jamaïque (605,5 de dollars), Cuba (606,0 de dollars). Le commerce par habitant à Oman était 18,1% inférieur le commerce par habitant au Monde (721,8 US$), et 75,5% supérieur le commerce par habitant en Asie (337,1 US$).

La croissance du commerce à Oman était de 6.9% dans les années 1990, au 24ème rang mondial, à égalité avec Singapour (6,8%), le Panama (6,9%). La croissance du commerce à Oman (6,9%) a été supérieure à celle du monde (3,5%), et supérieure à celle de l'Asie (4,9%).

Comparaison avec les voisins. La valeur ajoutée du commerce à Oman était supérieure à celle du Yémen (808,6 millions de dollars); mais inférieure à celle des Émirats arabes unis (13,5 milliards de dollars) et de l'Arabie saoudite (9,5 milliards de dollars). Le commerce par habitant à Oman était supérieur à celui de l'Arabie saoudite (518,8 de dollars) et du Yémen (55,9 de dollars); mais inférieur à celui des Émirats arabes unis (5 690,8 de dollars). La croissance du commerce à Oman était supérieure à celle des Émirats arabes unis (5,0%), de l'Arabie saoudite (4,0%) et du Yémen (2,8%).

Comparaison avec les leaders. Le commerce d'Oman était inférieur à celui des États-Unis (1,2 billions de dollars), du Japon (713,2 milliards de dollars), de l'Allemagne (243,7 milliards de dollars), de l'Italie (185,6 milliards de dollars) et de la France (177,0 milliards de dollars). Le commerce par habitant à Oman était inférieur à celui du Japon (5 656,5 de dollars), des États-Unis (4 395,6 de dollars), de l'Italie (3 255,0 de dollars), de l'Allemagne (3 021,8 de dollars) et de la France (2 980,3 de dollars). La croissance du commerce à Oman était supérieure à celle des États-Unis (4,3%), du Japon (3,8%), de l'Allemagne (2,5%), de la France (2,4%) et de l'Italie (1,9%).

Les années 2000

Le secteur du commerce à Oman était de 3,0 milliards de dollars par an dans les années 2000, se situant au 84ème rang mondial à égalité avec le Costa Rica (3,0 milliards de dollars), le Cameroun (3,1 milliards de dollars). La part dans le monde était de 0,047% et de 0,17% en Asie.

La part du commerce dans l'économie d'Oman était de 9,1% dans les années 2000, se classant au 192ème rang mondial, à égalité avec l'Ouzbékistan (9,1%).

Le commerce par habitant à Oman était de 1194.3 dollars dans les années 2000, se situant au 70ème rang mondial, à égalité avec l'Amérique centrale (1 205,2 de dollars), le Brunei (1 182,7 de dollars). Le commerce par habitant à Oman était 20,6% supérieur le commerce par habitant au Monde (990,3 US$), et 2,7 fois supérieur le commerce par habitant en Asie (438,7 US$).

La croissance du commerce à Oman était de 5.5% dans les années 2000, au 72ème rang mondial, à égalité avec l'Asie du Sud-Est (5,5%), le Malawi (5,6%), l'Est (5,6%). La croissance du commerce à Oman (5,5%) a été supérieure à celle du monde (2,7%), et supérieure à celle de l'Asie (4,5%).

Comparaison avec les voisins. Le secteur du commerce à Oman était inférieur à celui des Émirats arabes unis (28,7 milliards de dollars), de l'Arabie saoudite (22,1 milliards de dollars) et du Yémen (3,4 milliards de dollars). Le commerce par habitant à Oman était

Chapitre VIII. Commerce

supérieur à celui de l'Arabie saoudite (940,7 de dollars) et du Yémen (170,1 de dollars); mais inférieur à celui des Émirats arabes unis (5 884,5 de dollars). La croissance du commerce à Oman était supérieure à celle des Émirats arabes unis (5,3%); mais inférieure à celle du Yémen (10,9%) et de l'Arabie saoudite (9,6%).

Comparaison avec les leaders. Le secteur du commerce à Oman était inférieur à celui des États-Unis (1,9 billions de dollars), du Japon (771,8 milliards de dollars), de l'Allemagne (296,0 milliards de dollars), du Royaume-Uni (293,5 milliards de dollars) et de la Chine (262,0 milliards de dollars). Le commerce par habitant à Oman était supérieur à celui de la Chine (197,5 de dollars); mais inférieur à celui des États-Unis (6 383,1 de dollars), du Japon (6 021,3 de dollars), du Royaume-Uni (4 856,7 de dollars) et de l'Allemagne (3 637,0 de dollars). La croissance du commerce à Oman était supérieure à celle de l'Allemagne (1,7%), du Royaume-Uni (1,3%), des États-Unis (1,1%) et du Japon (-0,77%); mais inférieure à celle de la Chine (11,9%).

Les années 2010

La valeur du commerce à Oman était de 6,1 milliards de dollars par an dans les années 2010, se classant au 85ème rang mondial à égalité avec la Slovénie (6,1 milliards de dollars). La part dans le monde était de 0,058% et de 0,17% en Asie.

La part du commerce dans l'économie d'Oman était de 8,0% dans les années 2010, se situant au 196ème rang mondial, à égalité avec l'Irak (8,0%).

Le commerce par habitant à Oman était de 1485.4 dollars dans les années 2010, au 85ème rang mondial, à égalité avec l'Est (1 455,8 de dollars), les Caraïbes (1 454,7 de dollars). Le commerce par habitant à Oman était 3,4% supérieur le commerce par habitant au Monde (1 436,8 US$), et 80,9% supérieur le commerce par habitant en Asie (821,1 US$).

La croissance du commerce à Oman était de 2.8% dans les années 2010, se situant au 123ème rang mondial, à égalité avec le Royaume-Uni (2,8%). La croissance du commerce à Oman (2,8%) a été inférieure à celle du monde (3,3%), et inférieure à celle de l'Asie (5,6%).

Comparaison avec les voisins. Le secteur du commerce à Oman était 22,8% supérieur à celui du Yémen (4,9 milliards de dollars); mais 11,0 fois inférieur à celui de l'Arabie saoudite (66,9 milliards de dollars) et 8,5 fois inférieur à celui des Émirats arabes unis (51,4 milliards de dollars). Le commerce par habitant à Oman était 7,9 fois supérieur à celui du Yémen (188,6 de dollars); mais 3,7 fois inférieur à celui des Émirats arabes unis (5 557,5 de dollars) et 30,9% inférieur à celui de l'Arabie saoudite (2 149,4 de dollars). La croissance du commerce à Oman était supérieure à celle du Yémen (-8,7%); mais inférieure à celle de l'Arabie saoudite (5,0%) et des Émirats arabes unis (4,4%).

Comparaison avec les leaders. Le secteur du commerce à Oman était 431,6 fois inférieur à celui des États-Unis (2,6 billions de dollars), 197,1 fois inférieur à celui de la Chine (1,2 billions de dollars), 143,5 fois inférieur à celui du Japon (869,5 milliards de dollars), 61,5 fois inférieur à celui de l'Allemagne (372,6 milliards de dollars) et 54,4 fois inférieur à celui du Royaume-Uni (330,0 milliards de dollars). Le commerce par habitant à Oman était 74,4% supérieur à celui de la Chine (851,7 de dollars); mais 5,5 fois inférieur à celui des États-Unis (8 186,4 de dollars), 4,6 fois inférieur à celui du Japon (6 797,1 de dollars), 3,4 fois inférieur à celui du Royaume-Uni (5 030,4 de dollars) et 3,1 fois inférieur à celui de l'Allemagne (4 551,8 de dollars). La croissance du commerce à Oman était supérieure à celle du Royaume-Uni (2,8%), des États-Unis (2,3%), de l'Allemagne (2,0%) et du Japon (0,77%); mais inférieure à celle de la Chine (8,9%).

Chapitre IX. Services

(ISIC J-P)

Les services d'Oman sont passés de 411,4 millions de dollars par an dans les années 1970 à 21,5 milliards de dollars par an dans les années 2010, c'est-à-dire 21,1 milliards de dollars ou de 52,3 fois. La variation a été de 15,5 milliards de dollars en raison de l'augmentation de 3,6 fois des prix, et de 4,1 milliards de dollars en raison de la croissance de productivité de 3,1 fois, et de 1,5 milliards de dollars en raison de la croissance démographique. La croissance annuelle moyenne des services était de 6,9%. La valeur minimale était de 39,4 millions de dollars en 1970. La valeur maximale était de 26,1 milliards de dollars en 2019.

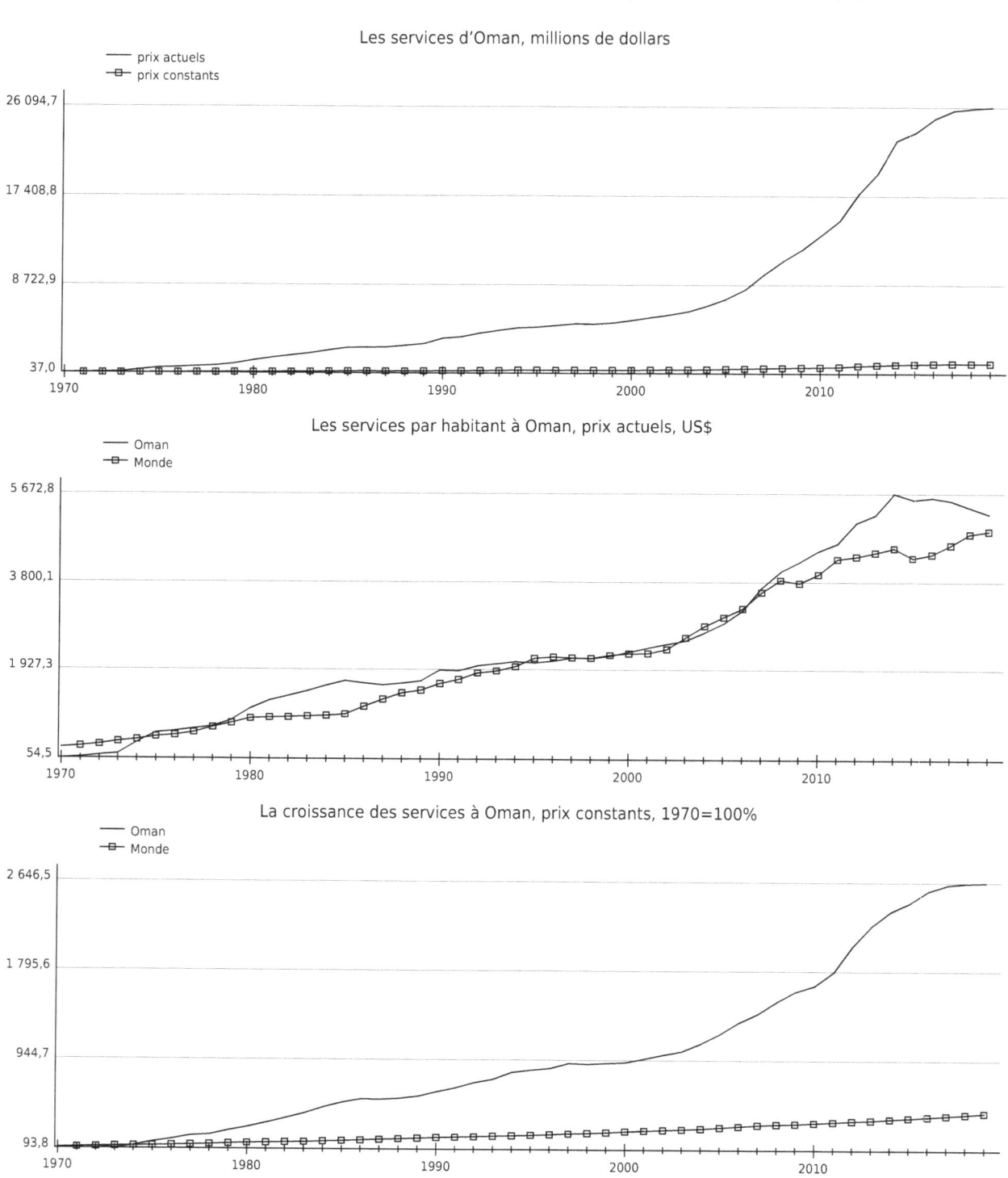

Chapitre IX. Services

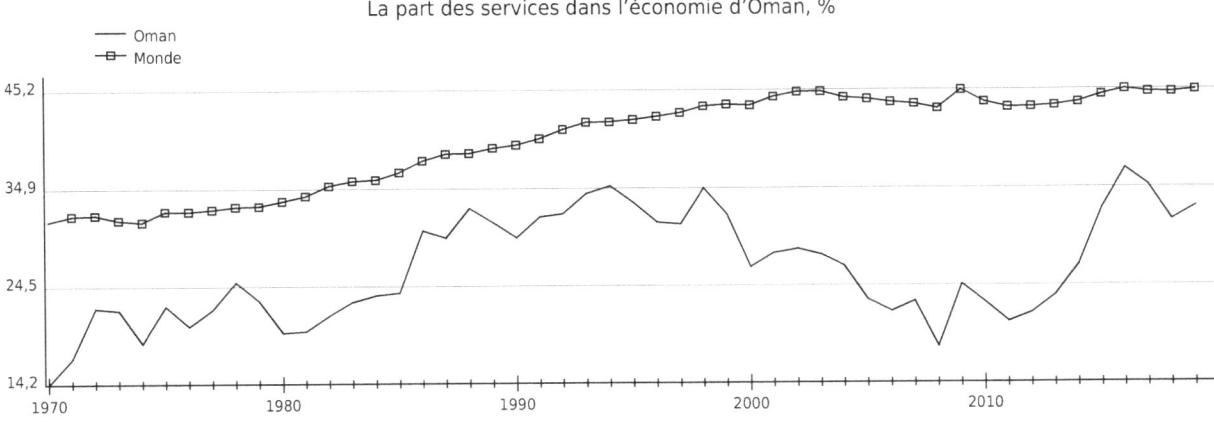
La part des services dans l'économie d'Oman, %

Les années 1970

Les services d'Oman étaient de 411,4 millions de dollars par an dans les années 1970, se classant au 102ème rang mondial à égalité avec le Qatar (412,0 millions de dollars). La part dans le monde était de 0,020% et de 0,15% en Asie.

La part des services dans l'économie d'Oman était de 22,0% dans les années 1970, au 130ème rang mondial, à égalité avec la Turquie (22,2%).

Les services par habitant à Oman étaient de 466.8 dollars dans les années 1970, se classant au 61ème rang mondial, à égalité avec la Jamaïque (469,7 de dollars), les Fidji (457,6 de dollars), Saint-Christophe-et-Niévès (456,9 de dollars). Les services par habitant à Oman étaient 7,9% inférieures les services par habitant au Monde (506,9 US$), et 3,8 fois supérieures les services par habitant en Asie (121,6 US$).

La croissance des services à Oman était de 11.6% dans les années 1970, au 10ème rang mondial, à égalité avec Malte (11,6%). La croissance des services à Oman (11,6%) a été supérieure à celle du monde (4,1%), et supérieure à celle de l'Asie (6,5%).

Comparaison avec les voisins. La valeur des services à Oman était supérieure à celle du Yémen (180,9 millions de dollars); mais inférieure à celle de l'Arabie saoudite (11,2 milliards de dollars) et des Émirats arabes unis (1,4 milliards de dollars). Les services par habitant à Oman étaient supérieures à celles du Yémen (26,6 de dollars); mais inférieures à celles des Émirats arabes unis (2 666,6 de dollars) et de l'Arabie saoudite (1 527,8 de dollars). La croissance des services à Oman était supérieure à celle du Yémen (8,3%); mais inférieure à celle des Émirats arabes unis (14,7%) et de l'Arabie saoudite (12,2%).

Comparaison avec les leaders. Les services d'Oman étaient inférieures à celles des États-Unis (674,4 milliards de dollars), de l'URSS (168,3 milliards de dollars), du Japon (153,8 milliards de dollars), de l'Allemagne (150,2 milliards de dollars) et de la France (121,8 milliards de dollars). Les services par habitant à Oman étaient inférieures à celles des États-Unis (3 090,2 de dollars), de la France (2 271,8 de dollars), de l'Allemagne (1 907,6 de dollars), du Japon (1 381,3 de dollars) et de l'URSS (667,3 de dollars). La croissance des services à Oman était supérieure à celle du Japon (5,9%), de l'Allemagne (4,8%), de la France (3,9%), des États-Unis (3,3%) et de l'URSS (0,90%).

Les années 1980

Le secteur des services à Oman était de 2,2 milliards de dollars par an dans les années 1980, se classant au 75ème rang mondial. La part dans le monde était de 0,041% et de 0,22% en Asie.

La part des services dans l'économie d'Oman était de 25,7% dans les années 1980, se classant au 123ème rang mondial, à égalité avec le Bhoutan (25,7%), la Bolivie (25,7%), l'Irak (25,7%).

Les services par habitant à Oman étaient de 1528.3 dollars dans les années 1980, au 52ème rang mondial. Les services par habitant à Oman étaient 37,0% supérieures les services par habitant au Monde (1 115,5 US$), et 4,3 fois supérieures les services par habitant en Asie (351,5 US$).

La croissance des services à Oman était de 8.3% dans les années 1980, se classant au 17ème rang mondial, à égalité avec les Îles Vierges britanniques (8,3%). La croissance des services à Oman (8,3%) a été supérieure à celle du monde (3,3%), et supérieure à celle de l'Asie (5,3%).

Comparaison avec les voisins. La valeur ajoutée des services à Oman était supérieure à celle du Yémen (719,6 millions de dollars); mais inférieure à celle de l'Arabie saoudite (40,9 milliards de dollars) et des Émirats arabes unis (7,0 milliards de dollars). Les services par habitant à Oman étaient supérieures à celles du Yémen (76,1 de dollars); mais inférieures à celles des Émirats arabes unis (5 220,5 de dollars) et de l'Arabie saoudite (3 212,3 de dollars). La croissance des services à Oman était supérieure à celle du Yémen (8,2%) et de l'Arabie saoudite (2,2%); mais inférieure à celle des Émirats arabes unis (8,7%).

Comparaison avec les leaders. La valeur des services à Oman était inférieure à celle des États-Unis (1,9 billions de dollars), du Japon (619,9 milliards de dollars), de l'Allemagne (362,2 milliards de dollars), de la France (294,5 milliards de dollars) et du Royaume-Uni (265,4 milliards de dollars). Les services par habitant à Oman étaient inférieures à celles des États-Unis (7 844,6 de dollars), de la France (5 211,0 de dollars), du Japon (5 111,4 de dollars), du Royaume-Uni (4 700,6 de dollars) et de l'Allemagne (4 642,6 de dollars). La croissance des services à Oman était supérieure à celle du Japon (4,8%), du Royaume-Uni (3,3%), de l'Allemagne (3,1%), des États-Unis (2,8%) et de la France (2,3%).

Les années 1990

Les services d'Oman étaient de 4,4 milliards de dollars par an dans les années 1990, se situant au 72ème rang mondial. La part dans le monde était de 0,038% et de 0,17% en Asie.

La part des services dans l'économie d'Oman était de 32,5% dans les années 1990, se situant au 98ème rang mondial, à égalité avec d'Anguilla (32,5%), le Costa Rica (32,6%), la Tunisie (32,6%).

Les services par habitant à Oman étaient de 2078.7 dollars dans les années 1990, au 63ème rang mondial. Les services par habitant à Oman étaient 3,2% supérieures les services par habitant au Monde (2 014,6 US$), et 2,8 fois supérieures les services par habitant en Asie (732,9 US$).

La croissance des services à Oman était de 4.4% dans les années 1990, au 57ème rang mondial, à égalité avec l'Andorre (4,4%), le Guatemala (4,4%). La croissance des services à Oman (4,4%) a été supérieure à celle du monde (2,7%), et inférieure à celle de l'Asie (4,5%).

Comparaison avec les voisins. La valeur ajoutée des services à Oman était supérieure à celle du Yémen (1,6 milliards de dollars); mais inférieure à celle de l'Arabie saoudite (49,2 milliards de dollars) et des Émirats arabes unis (14,1 milliards de dollars). Les services par habitant à Oman étaient supérieures à celles du Yémen (109,9 de dollars); mais inférieures à celles des Émirats arabes unis (5 941,2 de dollars) et de l'Arabie saoudite (2 686,2 de dollars). La croissance des services à Oman était supérieure à celle de l'Arabie saoudite (2,0%); mais inférieure à celle des Émirats arabes unis (6,1%) et du Yémen (5,5%).

Comparaison avec les leaders. Les services d'Oman étaient inférieures à celles des États-Unis (3,8 billions de dollars), du Japon (1,6 billions de dollars), de l'Allemagne (908,0 milliards de dollars), de la France (628,2 milliards de dollars) et du Royaume-Uni (592,3 milliards de dollars). Les services par habitant à Oman étaient inférieures à celles des États-Unis (14 354,4 de dollars), du Japon (12 820,4 de dollars), de l'Allemagne (11 259,5 de dollars), de la France (10 578,2 de dollars) et du Royaume-Uni (10 233,8 de dollars). La croissance des services à Oman était supérieure à celle de l'Allemagne (3,2%), du Royaume-Uni (3,0%), des États-Unis (2,3%), du Japon (1,7%) et de la France (1,6%).

Les années 2000

Le secteur des services à Oman était de 7,8 milliards de dollars par an dans les années 2000, se situant au 79ème rang mondial à égalité avec l'Uruguay (7,9 milliards de dollars), le Costa Rica (8,0 milliards de dollars). La part dans le monde était de 0,040% et de 0,18% en Asie.

La part des services dans l'économie d'Oman était de 23,6% dans les années 2000, au 163ème rang mondial, à égalité avec le Népal (23,7%), Trinité-et-Tobago (23,5%), la Mauritanie (23,4%).

Les services par habitant à Oman étaient de 3102.5 dollars dans les années 2000, se classant au 67ème rang mondial, à égalité avec la Slovaquie (3 128,9 de dollars). Les services par habitant à Oman étaient 3,0% supérieures les services par habitant au Monde (3 011,2 US$), et 2,9 fois supérieures les services par habitant en Asie (1 071,6 US$).

La croissance des services à Oman était de 5.7% dans les années 2000, se classant au 52ème rang mondial, à égalité avec l'Indonésie (5,7%), l'Eswatini (5,8%). La croissance des services à Oman (5,7%) a été supérieure à celle du monde (2,9%), et supérieure à celle de l'Asie (5,5%).

Chapitre IX. Services

Comparaison avec les voisins. Les services d'Oman étaient supérieures à celles du Yémen (3,6 milliards de dollars); mais inférieures à celles de l'Arabie saoudite (82,0 milliards de dollars) et des Émirats arabes unis (40,6 milliards de dollars). Les services par habitant à Oman étaient supérieures à celles du Yémen (180,7 de dollars); mais inférieures à celles des Émirats arabes unis (8 330,1 de dollars) et de l'Arabie saoudite (3 486,8 de dollars). La croissance des services à Oman était supérieure à celle de l'Arabie saoudite (4,4%) et du Yémen (4,0%); mais inférieure à celle des Émirats arabes unis (7,2%).

Comparaison avec les leaders. Le secteur des services à Oman était inférieur à celui des États-Unis (6,7 billions de dollars), du Japon (2,0 billions de dollars), de l'Allemagne (1,2 billions de dollars), du Royaume-Uni (1,1 billions de dollars) et de la France (997,0 milliards de dollars). Les services par habitant à Oman étaient inférieures à celles des États-Unis (22 883,5 de dollars), du Royaume-Uni (18 012,4 de dollars), de la France (15 875,1 de dollars), du Japon (15 302,2 de dollars) et de l'Allemagne (14 979,9 de dollars). La croissance des services à Oman était supérieure à celle du Royaume-Uni (2,7%), des États-Unis (2,0%), de la France (1,5%), du Japon (1,2%) et de l'Allemagne (0,57%).

Les années 2010

La valeur ajoutée des services à Oman était de 21,5 milliards de dollars par an dans les années 2010, au 72ème rang mondial à égalité avec l'Uruguay (21,5 milliards de dollars). La part dans le monde était de 0,066% et de 0,23% en Asie.

La part des services dans l'économie d'Oman était de 28,3% dans les années 2010, se classant au 151ème rang mondial, à égalité avec le Gabon (28,6%).

Les services par habitant à Oman étaient de 5277.8 dollars dans les années 2010, se classant au 66ème rang mondial, à égalité avec d'Antigua-et-Barbuda (5 254,5 de dollars). Les services par habitant à Oman étaient 18,1% supérieures les services par habitant au Monde (4 467,8 US$), et 2,5 fois supérieures les services par habitant en Asie (2 137,6 US$).

La croissance des services à Oman était de 5.1% dans les années 2010, au 50ème rang mondial, à égalité avec la Turquie (5,1%). La croissance des services à Oman (5,1%) a été supérieure à celle du monde (2,7%), et inférieure à celle de l'Asie (5,4%).

Comparaison avec les voisins. Le secteur des services à Oman était 3,4 fois supérieur à celui du Yémen (6,4 milliards de dollars); mais 9,5 fois inférieur à celui de l'Arabie saoudite (205,4 milliards de dollars) et 4,8 fois inférieur à celui des Émirats arabes unis (103,0 milliards de dollars). Les services par habitant à Oman étaient 21,6 fois supérieures à celles du Yémen (244,0 de dollars); mais 2,1 fois inférieures à celles des Émirats arabes unis (11 128,5 de dollars) et 20,1% inférieures à celles de l'Arabie saoudite (6 603,3 de dollars). La croissance des services à Oman était supérieure à celle des Émirats arabes unis (4,3%), de l'Arabie saoudite (3,9%) et du Yémen (-4,9%).

Comparaison avec les leaders. Les services d'Oman étaient 462,3 fois inférieures à celles des États-Unis (10,0 billions de dollars), 164,7 fois inférieures à celles de la Chine (3,5 billions de dollars), 105,6 fois inférieures à celles du Japon (2,3 billions de dollars), 74,7 fois inférieures à celles de l'Allemagne (1,6 billions de dollars) et 62,9 fois inférieures à celles du Royaume-Uni (1,4 billions de dollars). Les services par habitant à Oman étaient 2,1 fois supérieures à celles de la Chine (2 529,2 de dollars); mais 5,9 fois inférieures à celles des États-Unis (31 159,6 de dollars), 3,9 fois inférieures à celles du Royaume-Uni (20 663,8 de dollars), 3,7 fois inférieures à celles de l'Allemagne (19 637,7 de dollars) et 3,4 fois inférieures à celles du Japon (17 771,8 de dollars). La croissance des services à Oman était supérieure à celle des États-Unis (1,8%), du Royaume-Uni (1,7%), de l'Allemagne (1,2%) et du Japon (0,99%); mais inférieure à celle de la Chine (8,4%).

Partie III. Relations extérieures

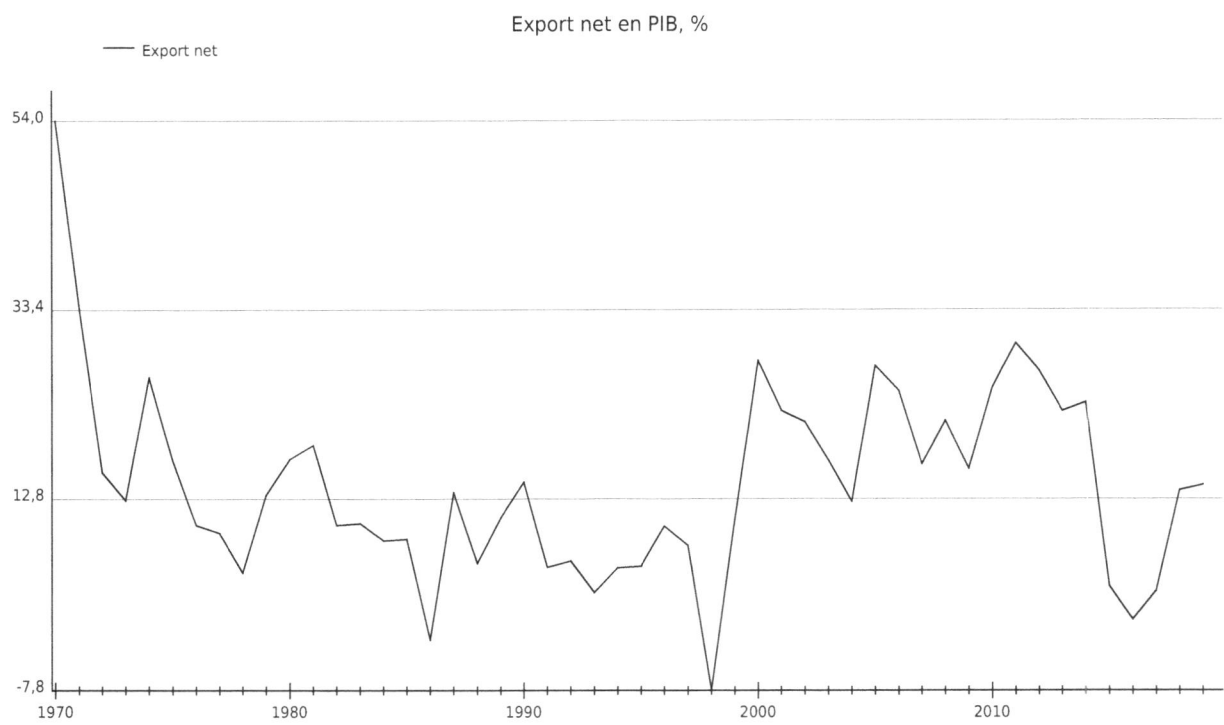

Chapitre X. Exportations

Les exportations d'Oman sont passés de 916,6 millions de dollars par an dans les années 1970 à 42,4 milliards de dollars par an dans les années 2010, c'est-à-dire 41,4 milliards de dollars ou de 46,2 fois. La variation a été de 30,0 milliards de dollars en raison de l'augmentation de 3,4 fois des prix, et de 8,1 milliards de dollars en raison de la croissance du taux par habitant de 2,9 fois, et de 3,3 milliards de dollars en raison de la croissance démographique. La croissance annuelle moyenne des exportations était de 6,6%. La valeur minimale était de 197,8 millions de dollars en 1970. La valeur maximale était de 59,4 milliards de dollars en 2013.

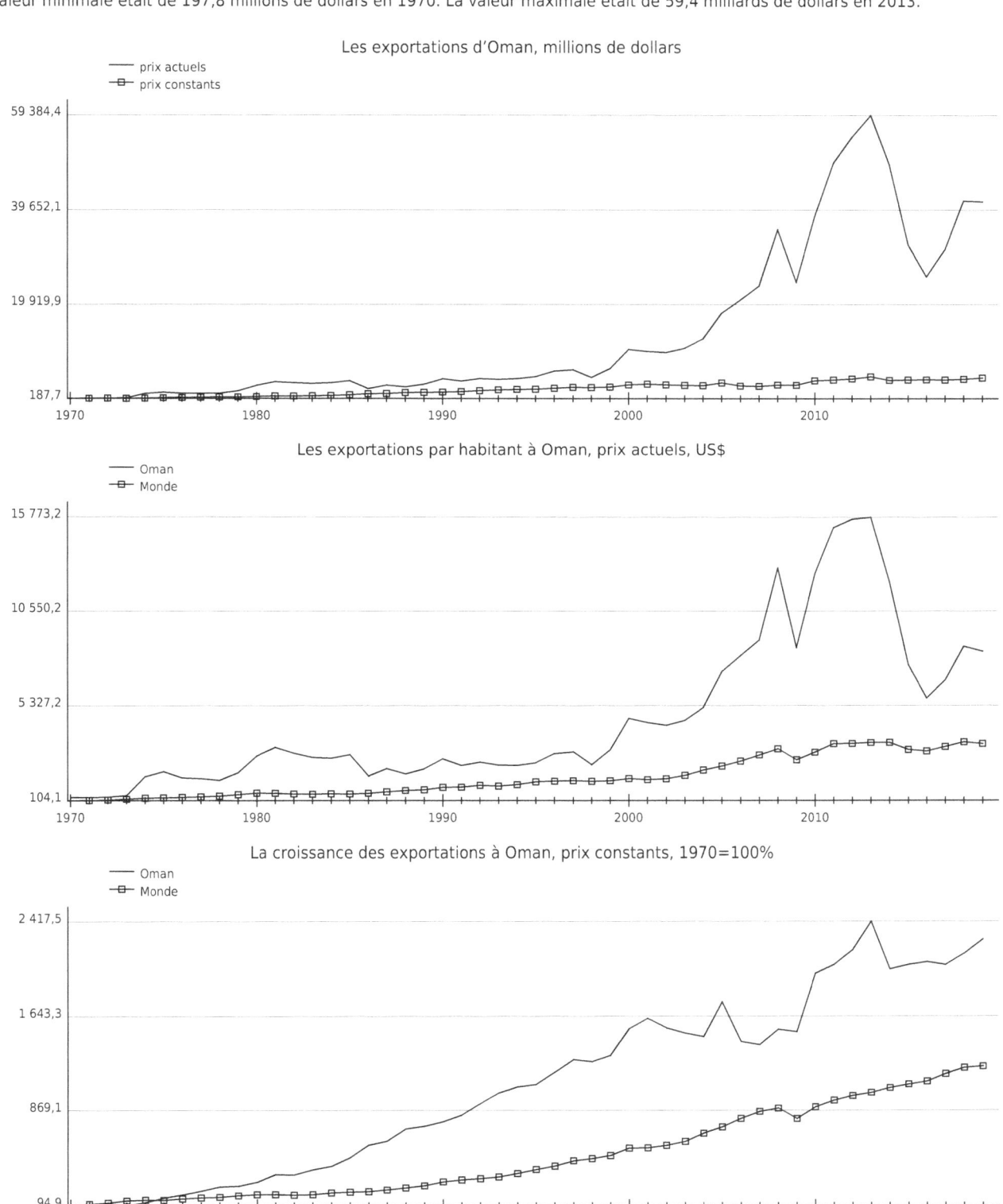

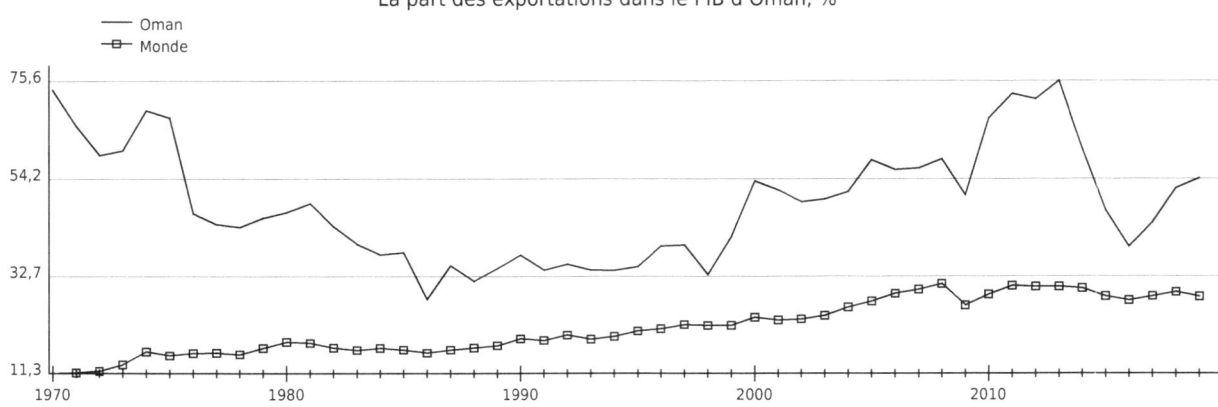

La part des exportations dans le PIB d'Oman, %

Les années 1970

La valeur des exportations à Oman était de 916,6 millions de dollars par an dans les années 1970, au 80ème rang mondial à égalité avec la Papouasie-Nouvelle-Guinée (929,0 millions de dollars), la Syrie (934,6 millions de dollars). La part dans le monde était de 0,094% et de 0,43% en Asie.

La part des exportations dans le PIB d'Oman était de 51,7% dans les années 1970, se situant au 35ème rang mondial, à égalité avec le Groenland (51,7%), Trinité-et-Tobago (52,2%).

Les exportations par habitant à Oman étaient de 1040.2 dollars dans les années 1970, se situant au 46ème rang mondial, à égalité avec le Suriname (1 045,2 de dollars), l'Allemagne (1 052,2 de dollars), l'Australasie (1 023,8 de dollars). Les exportations par habitant à Oman étaient 4,3 fois supérieures les exportations par habitant au Monde (242,1 US$), et 11,5 fois supérieures les exportations par habitant en Asie (90,8 US$).

La croissance des exportations à Oman était de 10.9% dans les années 1970, se classant au 25ème rang mondial, à égalité avec la Malaisie (11,0%). La croissance des exportations à Oman (10,9%) a été supérieure à celle du monde (6,5%), et supérieure à celle de l'Asie (7,9%).

Comparaison avec les voisins. Les exportations d'Oman étaient supérieures à celles du Yémen (66,3 millions de dollars); mais inférieures à celles de l'Arabie saoudite (27,2 milliards de dollars) et des Émirats arabes unis (6,5 milliards de dollars). Les exportations par habitant à Oman étaient supérieures à celles du Yémen (9,7 de dollars); mais inférieures à celles des Émirats arabes unis (12 078,1 de dollars) et de l'Arabie saoudite (3 712,0 de dollars). La croissance des exportations à Oman était supérieure à celle du Yémen (10,6%); mais inférieure à celle de l'Arabie saoudite (13,0%) et des Émirats arabes unis (11,1%).

Comparaison avec les leaders. Les exportations d'Oman étaient inférieures à celles des États-Unis (128,0 milliards de dollars), de l'Allemagne (82,9 milliards de dollars), de la France (64,3 milliards de dollars), du Japon (64,1 milliards de dollars) et du Royaume-Uni (61,3 milliards de dollars). Les exportations par habitant à Oman étaient supérieures à celles des États-Unis (586,5 de dollars) et du Japon (575,8 de dollars); mais inférieures à celles de la France (1 199,1 de dollars), du Royaume-Uni (1 094,1 de dollars) et de l'Allemagne (1 052,2 de dollars). La croissance des exportations à Oman était supérieure à celle du Japon (8,6%), de la France (7,8%), des États-Unis (6,8%), de l'Allemagne (5,1%) et du Royaume-Uni (5,0%).

Les années 1980

La valeur des exportations à Oman était de 3,2 milliards de dollars par an dans les années 1980, au 66ème rang mondial à égalité avec la Côte d'Ivoire (3,2 milliards de dollars), la Tunisie (3,3 milliards de dollars). La part dans le monde était de 0,12% et de 0,49% en Asie.

La part des exportations dans le PIB d'Oman était de 38,0% dans les années 1980, se situant au 65ème rang mondial, à égalité avec la Norvège (37,9%), l'Asie de l'Ouest (38,3%).

Les exportations par habitant à Oman étaient de 2188.7 dollars dans les années 1980, se classant au 47ème rang mondial, à égalité avec Trinité-et-Tobago (2 169,0 de dollars), l'Australasie (2 154,5 de dollars), la Polynésie française (2 234,9 de dollars). Les exportations par habitant à Oman étaient 4,1 fois supérieures les exportations par habitant au Monde (529,9 US$), et 9,6 fois supérieures les exportations par habitant en Asie (229,0 US$).

La croissance des exportations à Oman était de 11.2% dans les années 1980, se classant au 14ème rang mondial, à égalité avec

Chapitre X. Exportations

Singapour (11,2%). La croissance des exportations à Oman (11,2%) a été supérieure à celle du monde (3,8%), et supérieure à celle de l'Asie (4,1%).

Comparaison avec les voisins. La valeur des exportations à Oman était supérieure à celle du Yémen (144,4 millions de dollars); mais inférieure à celle de l'Arabie saoudite (53,0 milliards de dollars) et des Émirats arabes unis (16,6 milliards de dollars). Les exportations par habitant à Oman étaient supérieures à celles du Yémen (15,3 de dollars); mais inférieures à celles des Émirats arabes unis (12 310,9 de dollars) et de l'Arabie saoudite (4 162,6 de dollars). La croissance des exportations à Oman était supérieure à celle des Émirats arabes unis (-1,4%), du Yémen (-1,4%) et de l'Arabie saoudite (-5,5%).

Comparaison avec les leaders. Les exportations d'Oman étaient inférieures à celles des États-Unis (338,6 milliards de dollars), du Japon (210,6 milliards de dollars), de l'Allemagne (208,1 milliards de dollars), de la France (155,9 milliards de dollars) et du Royaume-Uni (155,0 milliards de dollars). Les exportations par habitant à Oman étaient supérieures à celles du Japon (1 736,5 de dollars) et des États-Unis (1 413,8 de dollars); mais inférieures à celles de la France (2 757,6 de dollars), du Royaume-Uni (2 744,8 de dollars) et de l'Allemagne (2 667,0 de dollars). La croissance des exportations à Oman était supérieure à celle du Japon (6,7%), des États-Unis (5,7%), de l'Allemagne (4,7%), de la France (4,0%) et du Royaume-Uni (3,0%).

Les années 1990

La valeur des exportations à Oman était de 4,9 milliards de dollars par an dans les années 1990, se situant au 72ème rang mondial. La part dans le monde était de 0,084% et de 0,31% en Asie.

La part des exportations dans le PIB d'Oman était de 36,6% dans les années 1990, se classant au 82ème rang mondial, à égalité avec le Kazakhstan (36,5%), l'Arabie saoudite (36,7%).

Les exportations par habitant à Oman étaient de 2324.7 dollars dans les années 1990, se situant au 62ème rang mondial. Les exportations par habitant à Oman étaient 2,3 fois supérieures les exportations par habitant au Monde (1 029,5 US$), et 5,1 fois supérieures les exportations par habitant en Asie (456,7 US$).

La croissance des exportations à Oman était de 6% dans les années 1990, se classant au 80ème rang mondial, à égalité avec le Pérou (5,9%), le Liechtenstein (6,0%). La croissance des exportations à Oman (6,0%) a été inférieure à celle du monde (6,9%), et inférieure à celle de l'Asie (8,1%).

Comparaison avec les voisins. Les exportations d'Oman étaient supérieures à celles du Yémen (1,3 milliards de dollars); mais inférieures à celles de l'Arabie saoudite (52,4 milliards de dollars) et des Émirats arabes unis (31,6 milliards de dollars). Les exportations par habitant à Oman étaient supérieures à celles du Yémen (90,4 de dollars); mais inférieures à celles des Émirats arabes unis (13 354,8 de dollars) et de l'Arabie saoudite (2 860,2 de dollars). La croissance des exportations à Oman était supérieure à celle de l'Arabie saoudite (3,8%); mais inférieure à celle du Yémen (30,3%) et des Émirats arabes unis (8,8%).

Comparaison avec les leaders. La valeur des exportations à Oman était inférieure à celle des États-Unis (773,6 milliards de dollars), de l'Allemagne (509,0 milliards de dollars), du Japon (418,7 milliards de dollars), de la France (329,8 milliards de dollars) et du Royaume-Uni (324,3 milliards de dollars). Les exportations par habitant à Oman étaient inférieures à celles de l'Allemagne (6 311,2 de dollars), du Royaume-Uni (5 602,2 de dollars), de la France (5 553,9 de dollars), du Japon (3 320,8 de dollars) et des États-Unis (2 925,3 de dollars). La croissance des exportations à Oman était supérieure à celle du Royaume-Uni (5,7%) et du Japon (4,2%); mais inférieure à celle des États-Unis (7,2%), de la France (6,5%) et de l'Allemagne (6,0%).

Les années 2000

Les exportations d'Oman étaient de 17,7 milliards de dollars par an dans les années 2000, au 66ème rang mondial. La part dans le monde était de 0,14% et de 0,44% en Asie.

La structure des exportations: produits primaires (82,7%), articles manufacturés provenant de ressources naturelles (4,7%), articles manufacturés à faible technologie (1,6%), articles manufacturés de technologie moyenne (5,3%).

D'Oman a exporté des marchandises vers la Chine (26,0%), la Corée du Sud (17,0%), le Japon (15,1%), la Thaïlande (10,6%), les Émirats arabes unis (6,1%) et d'autres pays (25,2%).

La part des exportations dans le PIB d'Oman était de 54,4% dans les années 2000, se situant au 52ème rang mondial.

Les exportations par habitant à Oman étaient de 7042.9 dollars dans les années 2000, se classant au 50ème rang mondial, à égalité avec l'Arabie saoudite (7 016,6 de dollars), l'Australie (7 108,5 de dollars), la Hongrie (6 970,6 de dollars). Les exportations par habitant à Oman étaient 3,6 fois supérieures les exportations par habitant au Monde (1 933,7 US$), et 7,0 fois supérieures les exportations par habitant en Asie (1 011,8 US$).

La croissance des exportations à Oman était de 1.4% dans les années 2000, se situant au 169ème rang mondial, à égalité avec Saint-Marin (1,4%). La croissance des exportations à Oman (1,4%) a été inférieure à celle du monde (4,8%), et inférieure à celle de l'Asie (7,5%).

Comparaison avec les voisins. La valeur des exportations à Oman était supérieure à celle du Yémen (6,0 milliards de dollars); mais inférieure à celle de l'Arabie saoudite (165,1 milliards de dollars) et des Émirats arabes unis (123,5 milliards de dollars). Les exportations par habitant à Oman étaient supérieures à celles de l'Arabie saoudite (7 016,6 de dollars) et du Yémen (304,3 de dollars); mais inférieures à celles des Émirats arabes unis (25 317,9 de dollars). La croissance des exportations à Oman était supérieure à celle du Yémen (-11,4%); mais inférieure à celle des Émirats arabes unis (9,4%) et de l'Arabie saoudite (1,5%).

Comparaison avec les leaders. La valeur des exportations à Oman était inférieure à celle des États-Unis (1,3 billions de dollars), de l'Allemagne (1,0 billions de dollars), de la Chine (780,2 milliards de dollars), du Japon (626,3 milliards de dollars) et du Royaume-Uni (591,1 milliards de dollars). Les exportations par habitant à Oman étaient supérieures à celles du Japon (4 886,4 de dollars), des États-Unis (4 488,4 de dollars) et de la Chine (588,1 de dollars); mais inférieures à celles de l'Allemagne (12 836,9 de dollars) et du Royaume-Uni (9 780,7 de dollars). La croissance des exportations à Oman était inférieure à celle de la Chine (12,7%), de l'Allemagne (5,0%), du Japon (3,5%), des États-Unis (3,3%) et du Royaume-Uni (2,8%).

Les années 2010

La valeur des exportations à Oman était de 42,4 milliards de dollars par an dans les années 2010, se situant au 62ème rang mondial à égalité avec l'Égypte (43,2 milliards de dollars). La part dans le monde était de 0,19% et de 0,49% en Asie.

La structure des exportations: produits primaires (69,2%), articles manufacturés provenant de ressources naturelles (14,8%), articles manufacturés à faible technologie (2,1%), articles manufacturés de technologie moyenne (10,7%).

D'Oman a exporté des marchandises vers la Chine (38,0%), la Corée du Sud (8,7%), le Japon (7,8%), les Émirats arabes unis (7,0%), l'Inde (6,8%) et d'autres pays (31,7%).

La part des exportations dans le PIB d'Oman était de 58,7% dans les années 2010, au 47ème rang mondial, à égalité avec le Belize (58,7%), la république du Congo (59,3%).

Les exportations par habitant à Oman étaient de 10383.5 dollars dans les années 2010, se classant au 53ème rang mondial. Les exportations par habitant à Oman étaient 3,4 fois supérieures les exportations par habitant au Monde (3 098,9 US$), et 5,3 fois supérieures les exportations par habitant en Asie (1 964,3 US$).

La croissance des exportations à Oman était de 4.1% dans les années 2010, se situant au 101ème rang mondial, à égalité avec la Suède (4,1%), le Paraguay (4,1%), l'Australie (4,2%). La croissance des exportations à Oman (4,1%) a été inférieure à celle du monde (4,4%), et inférieure à celle de l'Asie (5,3%).

Comparaison avec les voisins. Les exportations d'Oman étaient 7,3 fois supérieures à celles du Yémen (5,8 milliards de dollars); mais 8,5 fois inférieures à celles des Émirats arabes unis (361,1 milliards de dollars) et 7,2 fois inférieures à celles de l'Arabie saoudite (303,4 milliards de dollars). Les exportations par habitant à Oman étaient 6,5% supérieures à celles de l'Arabie saoudite (9 752,7 de dollars) et 47,0 fois supérieures à celles du Yémen (221,0 de dollars); mais 3,8 fois inférieures à celles des Émirats arabes unis (39 016,6 de dollars). La croissance des exportations à Oman était supérieure à celle de l'Arabie saoudite (2,2%) et du Yémen (-19,5%); mais inférieure à celle des Émirats arabes unis (6,0%).

Comparaison avec les leaders. La valeur des exportations à Oman était 54,1 fois inférieure à celle de la Chine (2,3 billions de dollars), 53,6 fois inférieure à celle des États-Unis (2,3 billions de dollars), 39,7 fois inférieure à celle de l'Allemagne (1,7 billions de dollars), 20,3 fois inférieure à celle du Japon (859,4 milliards de dollars) et 19,2 fois inférieure à celle du Royaume-Uni (815,1 milliards de dollars). Les exportations par habitant à Oman étaient 46,2% supérieures à celles des États-Unis (7 104,2 de dollars), 54,6% supérieures à celles du Japon (6 718,2 de dollars) et 6,3 fois supérieures à celles de la Chine (1 635,3 de dollars); mais 49,5% inférieures à celles de l'Allemagne (20 563,4 de dollars) et 16,4% inférieures à celles du Royaume-Uni (12 425,4 de dollars). La croissance des exportations à Oman était supérieure à celle des États-Unis (3,7%) et du Royaume-Uni (3,1%); mais inférieure à celle de la Chine (6,8%), de l'Allemagne (4,7%) et du Japon (4,6%).

Chapitre XI. Importations

Les importations d'Oman sont passés de 679,4 millions de dollars par an dans les années 1970 à 30,7 milliards de dollars par an dans les années 2010, c'est-à-dire 30,0 milliards de dollars ou de 45,1 fois. La variation a été de 20,7 milliards de dollars en raison de l'augmentation de 3,1 fois des prix, et de 6,8 milliards de dollars en raison de la croissance du taux par habitant de 3,2 fois, et de 2,5 milliards de dollars en raison de la croissance démographique. La croissance annuelle moyenne des importations était de 6,6%. La valeur minimale était de 52,8 millions de dollars en 1970. La valeur maximale était de 41,8 milliards de dollars en 2013.

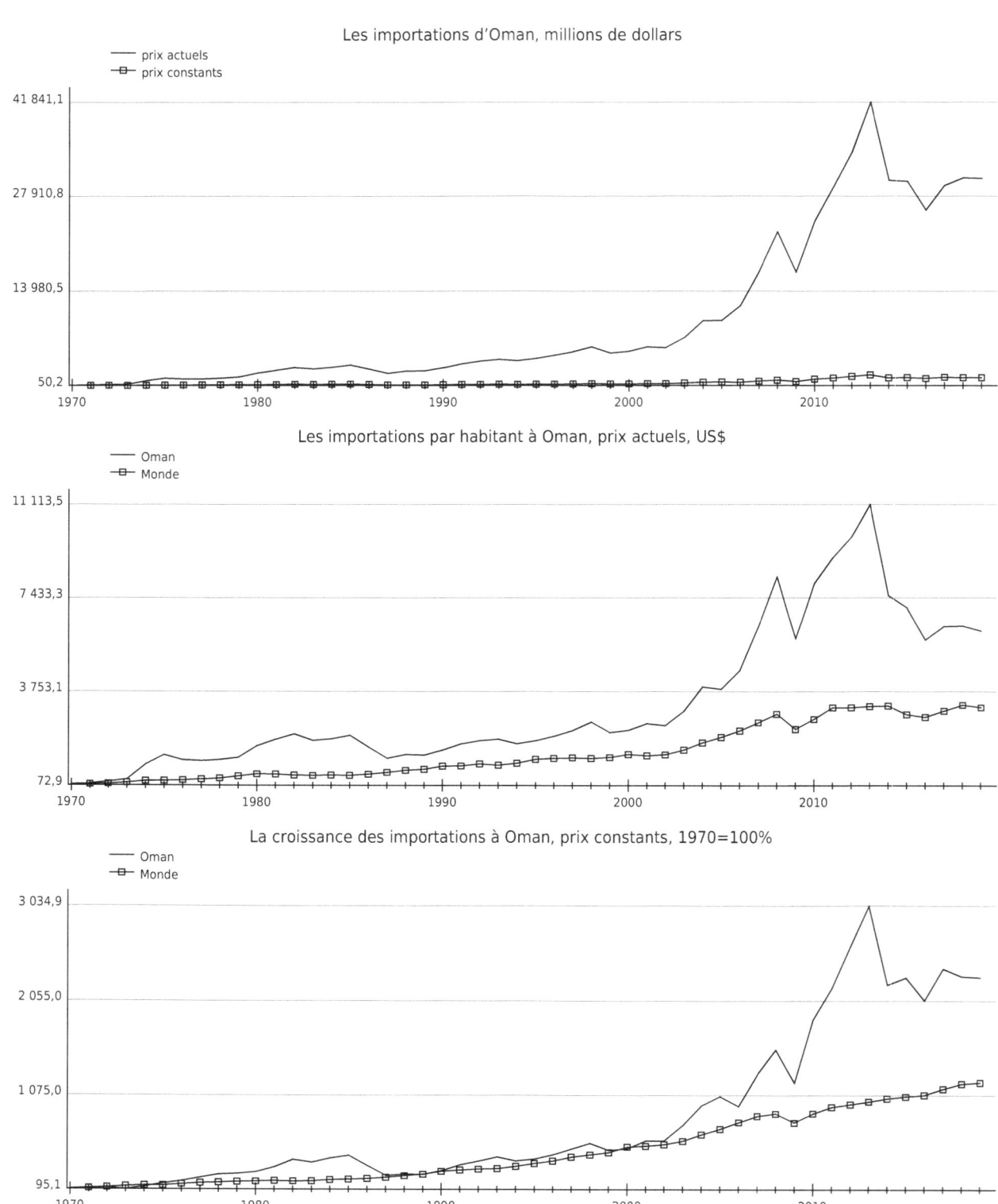

Chapitre XI. Importations

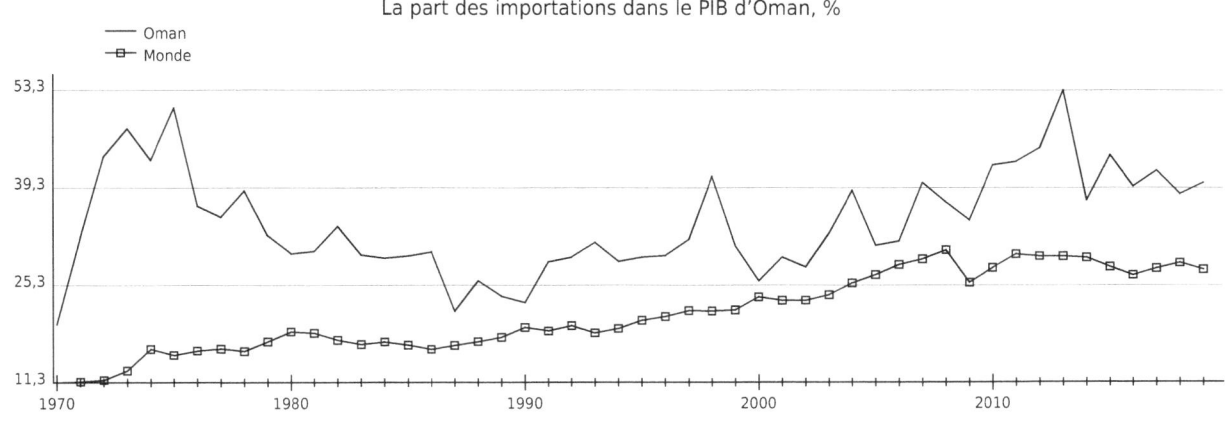
La part des importations dans le PIB d'Oman, %

Les années 1970

Les importations d'Oman étaient de 679,4 millions de dollars par an dans les années 1970, se situant au 91ème rang mondial à égalité avec l'Ouganda (680,7 millions de dollars), le Honduras (684,4 millions de dollars). La part dans le monde était de 0,069% et de 0,37% en Asie.

La part des importations dans le PIB d'Oman était de 38,3% dans les années 1970, se situant au 81ème rang mondial, à égalité avec le Gabon (38,6%).

Les importations par habitant à Oman étaient de 771 dollars dans les années 1970, se classant au 54ème rang mondial, à égalité avec l'Italie (767,8 de dollars), d'Antigua-et-Barbuda (762,7 de dollars). Les importations par habitant à Oman étaient 3,2 fois supérieures les importations par habitant au Monde (244,3 US$), et 9,7 fois supérieures les importations par habitant en Asie (79,6 US$).

La croissance des importations à Oman était de 11.1% dans les années 1970, au 27ème rang mondial, à égalité avec l'Eswatini (11,0%), le Népal (11,0%), le Burkina Faso (11,0%). La croissance des importations à Oman (11,1%) a été supérieure à celle du monde (6,3%), et supérieure à celle de l'Asie (9,6%).

Comparaison avec les voisins. Les importations d'Oman étaient supérieures à celles du Yémen (506,7 millions de dollars); mais inférieures à celles de l'Arabie saoudite (13,5 milliards de dollars) et des Émirats arabes unis (2,9 milliards de dollars). Les importations par habitant à Oman étaient supérieures à celles du Yémen (74,5 de dollars); mais inférieures à celles des Émirats arabes unis (5 395,4 de dollars) et de l'Arabie saoudite (1 839,8 de dollars). La croissance des importations à Oman était inférieure à celle de l'Arabie saoudite (17,9%), du Yémen (16,2%) et des Émirats arabes unis (14,0%).

Comparaison avec les leaders. Les importations d'Oman étaient inférieures à celles des États-Unis (133,2 milliards de dollars), de l'Allemagne (92,5 milliards de dollars), de la France (63,3 milliards de dollars), du Royaume-Uni (62,4 milliards de dollars) et du Japon (61,0 milliards de dollars). Les importations par habitant à Oman étaient supérieures à celles des États-Unis (610,4 de dollars) et du Japon (547,6 de dollars); mais inférieures à celles de la France (1 181,1 de dollars), de l'Allemagne (1 175,1 de dollars) et du Royaume-Uni (1 113,2 de dollars). La croissance des importations à Oman était supérieure à celle de la France (7,2%), du Japon (7,0%), de l'Allemagne (5,6%), des États-Unis (5,1%) et du Royaume-Uni (4,5%).

Les années 1980

La valeur des importations à Oman était de 2,4 milliards de dollars par an dans les années 1980, se classant au 76ème rang mondial. La part dans le monde était de 0,091% et de 0,39% en Asie.

La part des importations dans le PIB d'Oman était de 28,2% dans les années 1980, se classant au 113ème rang mondial, à égalité avec la Hongrie (28,3%), le Guatemala (28,0%), le Burkina Faso (28,5%).

Les importations par habitant à Oman étaient de 1627.5 dollars dans les années 1980, au 59ème rang mondial, à égalité avec le Panama (1 662,3 de dollars). Les importations par habitant à Oman étaient 3,0 fois supérieures les importations par habitant au Monde (539,1 US$), et 7,7 fois supérieures les importations par habitant en Asie (211,9 US$).

La croissance des importations à Oman était de -0.3% dans les années 1980, se classant au 143ème rang mondial. La croissance des importations à Oman (-0,30%) a été inférieure à celle du monde (3,8%), et inférieure à celle de l'Asie (4,9%).

Comparaison avec les voisins. La valeur des importations à Oman était supérieure à celle du Yémen (1,3 milliards de dollars); mais inférieure à celle de l'Arabie saoudite (44,4 milliards de dollars) et des Émirats arabes unis (9,6 milliards de dollars). Les importations par habitant à Oman étaient supérieures à celles du Yémen (140,7 de dollars); mais inférieures à celles des Émirats arabes unis (7 099,0 de dollars) et de l'Arabie saoudite (3 492,2 de dollars). La croissance des importations à Oman était supérieure à celle du Yémen (-0,73%); mais inférieure à celle des Émirats arabes unis (1,5%) et de l'Arabie saoudite (0,24%).

Comparaison avec les leaders. La valeur des importations à Oman était inférieure à celle des États-Unis (417,2 milliards de dollars), de l'Allemagne (225,6 milliards de dollars), du Japon (175,9 milliards de dollars), de la France (162,0 milliards de dollars) et du Royaume-Uni (157,7 milliards de dollars). Les importations par habitant à Oman étaient supérieures à celles du Japon (1 450,4 de dollars); mais inférieures à celles de l'Allemagne (2 891,9 de dollars), de la France (2 867,2 de dollars), du Royaume-Uni (2 793,0 de dollars) et des États-Unis (1 742,4 de dollars). La croissance des importations à Oman était inférieure à celle des États-Unis (5,8%), du Royaume-Uni (5,1%), du Japon (4,6%), de la France (4,3%) et de l'Allemagne (3,3%).

Les années 1990

La valeur des importations à Oman était de 4,1 milliards de dollars par an dans les années 1990, au 84ème rang mondial à égalité avec Malte (4,1 milliards de dollars), le Paraguay (4,0 milliards de dollars). La part dans le monde était de 0,071% et de 0,28% en Asie.

La part des importations dans le PIB d'Oman était de 30,6% dans les années 1990, se classant au 136ème rang mondial.

Les importations par habitant à Oman étaient de 1944.4 dollars dans les années 1990, se classant au 68ème rang mondial. Les importations par habitant à Oman étaient 91,5% supérieures les importations par habitant au Monde (1 015,5 US$), et 4,5 fois supérieures les importations par habitant en Asie (430,1 US$).

La croissance des importations à Oman était de 7.2% dans les années 1990, se situant au 59ème rang mondial, à égalité avec le Suriname (7,2%), l'Est (7,2%), le Venezuela (7,3%). La croissance des importations à Oman (7,2%) a été supérieure à celle du monde (6,6%), et supérieure à celle de l'Asie (6,8%).

Comparaison avec les voisins. Les importations d'Oman étaient supérieures à celles du Yémen (2,1 milliards de dollars); mais inférieures à celles de l'Arabie saoudite (41,5 milliards de dollars) et des Émirats arabes unis (25,0 milliards de dollars). Les importations par habitant à Oman étaient supérieures à celles du Yémen (143,0 de dollars); mais inférieures à celles des Émirats arabes unis (10 536,7 de dollars) et de l'Arabie saoudite (2 264,3 de dollars). La croissance des importations à Oman était supérieure à celle des Émirats arabes unis (6,6%), du Yémen (4,9%) et de l'Arabie saoudite (-1,9%).

Comparaison avec les leaders. Les importations d'Oman étaient inférieures à celles des États-Unis (874,1 milliards de dollars), de l'Allemagne (501,6 milliards de dollars), du Japon (355,9 milliards de dollars), du Royaume-Uni (330,2 milliards de dollars) et de la France (308,5 milliards de dollars). Les importations par habitant à Oman étaient inférieures à celles de l'Allemagne (6 220,3 de dollars), du Royaume-Uni (5 705,3 de dollars), de la France (5 194,4 de dollars), des États-Unis (3 305,6 de dollars) et du Japon (2 822,9 de dollars). La croissance des importations à Oman était supérieure à celle de l'Allemagne (6,4%), de la France (5,1%), du Royaume-Uni (5,1%) et du Japon (3,3%); mais inférieure à celle des États-Unis (8,3%).

Les années 2000

La valeur des importations à Oman était de 11,1 milliards de dollars par an dans les années 2000, au 78ème rang mondial à égalité avec la Jordanie (11,1 milliards de dollars), la Syrie (10,8 milliards de dollars). La part dans le monde était de 0,090% et de 0,31% en Asie.

La structure des importations: produits primaires (11,5%), articles manufacturés provenant de ressources naturelles (13,7%), articles manufacturés à faible technologie (10,5%), articles manufacturés de technologie moyenne (51,0%), articles manufacturés à haute technologie (9,2%).

D'Oman a importé des marchandises en provenance les Émirats arabes unis (30,3%), le Japon (14,2%), les États-Unis (5,6%), le Royaume-Uni (4,5%), l'Allemagne (4,5%) et d'autres pays (40,9%).

La part des importations dans le PIB d'Oman était de 34,1% dans les années 2000, au 139ème rang mondial, à égalité avec le Yémen (34,1%), les Bermudes (34,2%), le Paraguay (34,0%).

Les importations par habitant à Oman étaient de 4412.7 dollars dans les années 2000, se classant au 70ème rang mondial, à égalité avec le Japon (4 418,9 de dollars), la Polynésie (4 405,2 de dollars), la Croatie (4 436,6 de dollars). Les importations par habitant à

Chapitre XI. Importations

Oman étaient 2,3 fois supérieures les importations par habitant au Monde (1 899,9 US$), et 4,9 fois supérieures les importations par habitant en Asie (898,2 US$).

La croissance des importations à Oman était de 9.2% dans les années 2000, se situant au 45ème rang mondial, à égalité avec l'Iran (9,1%), le Malawi (9,1%), la Tchéquie (9,1%). La croissance des importations à Oman (9,2%) a été supérieure à celle du monde (5,1%), et supérieure à celle de l'Asie (7,8%).

Comparaison avec les voisins. La valeur des importations à Oman était supérieure à celle du Yémen (6,5 milliards de dollars); mais inférieure à celle des Émirats arabes unis (93,3 milliards de dollars) et de l'Arabie saoudite (92,9 milliards de dollars). Les importations par habitant à Oman étaient supérieures à celles de l'Arabie saoudite (3 949,4 de dollars) et du Yémen (326,1 de dollars); mais inférieures à celles des Émirats arabes unis (19 125,6 de dollars). La croissance des importations à Oman était supérieure à celle du Yémen (4,0%); mais inférieure à celle des Émirats arabes unis (13,6%) et de l'Arabie saoudite (12,9%).

Comparaison avec les leaders. La valeur des importations à Oman était inférieure à celle des États-Unis (1,9 billions de dollars), de l'Allemagne (914,7 milliards de dollars), du Royaume-Uni (641,8 milliards de dollars), de la Chine (641,1 milliards de dollars) et du Japon (566,4 milliards de dollars). Les importations par habitant à Oman étaient supérieures à celles de la Chine (483,3 de dollars); mais inférieures à celles de l'Allemagne (11 237,8 de dollars), du Royaume-Uni (10 620,4 de dollars), des États-Unis (6 400,9 de dollars) et du Japon (4 418,9 de dollars). La croissance des importations à Oman était supérieure à celle de l'Allemagne (3,7%), du Royaume-Uni (3,1%), des États-Unis (2,8%) et du Japon (1,8%); mais inférieure à celle de la Chine (15,1%).

Les années 2010

Les importations d'Oman étaient de 30,7 milliards de dollars par an dans les années 2010, se situant au 69ème rang mondial. La part dans le monde était de 0,14% et de 0,38% en Asie.

La structure des importations: produits primaires (10,3%), articles manufacturés provenant de ressources naturelles (24,4%), articles manufacturés à faible technologie (11,7%), articles manufacturés de technologie moyenne (41,1%), articles manufacturés à haute technologie (9,1%).

D'Oman a importé des marchandises en provenance les Émirats arabes unis (35,7%), le Japon (8,5%), l'Inde (6,5%), la Chine (5,6%), les États-Unis (5,3%) et d'autres pays (38,5%).

La part des importations dans le PIB d'Oman était de 42,5% dans les années 2010, au 112ème rang mondial, à égalité avec la Roumanie (42,4%), les Îles Caïmans (42,3%), le Suriname (42,3%).

Les importations par habitant à Oman étaient de 7513.9 dollars dans les années 2010, au 66ème rang mondial, à égalité avec le Panama (7 440,6 de dollars), la Grèce (7 384,5 de dollars), la Barbade (7 677,4 de dollars). Les importations par habitant à Oman étaient 2,5 fois supérieures les importations par habitant au Monde (3 015,6 US$), et 4,1 fois supérieures les importations par habitant en Asie (1 813,7 US$).

La croissance des importations à Oman était de 6.7% dans les années 2010, au 44ème rang mondial, à égalité avec la Colombie (6,6%), les Salomon (6,7%). La croissance des importations à Oman (6,7%) a été supérieure à celle du monde (4,4%), et supérieure à celle de l'Asie (5,4%).

Comparaison avec les voisins. La valeur des importations à Oman était 2,9 fois supérieure à celle du Yémen (10,6 milliards de dollars); mais 8,4 fois inférieure à celle des Émirats arabes unis (256,2 milliards de dollars) et 7,0 fois inférieure à celle de l'Arabie saoudite (214,3 milliards de dollars). Les importations par habitant à Oman étaient 9,1% supérieures à celles de l'Arabie saoudite (6 888,7 de dollars) et 18,5 fois supérieures à celles du Yémen (405,4 de dollars); mais 3,7 fois inférieures à celles des Émirats arabes unis (27 680,3 de dollars). La croissance des importations à Oman était supérieure à celle des Émirats arabes unis (5,7%), de l'Arabie saoudite (1,2%) et du Yémen (-2,4%).

Comparaison avec les leaders. Les importations d'Oman étaient 91,9 fois inférieures à celles des États-Unis (2,8 billions de dollars), 67,5 fois inférieures à celles de la Chine (2,1 billions de dollars), 47,5 fois inférieures à celles de l'Allemagne (1,5 billions de dollars), 28,6 fois inférieures à celles du Japon (877,9 milliards de dollars) et 27,9 fois inférieures à celles du Royaume-Uni (854,8 milliards de dollars). Les importations par habitant à Oman étaient 9,5% supérieures à celles du Japon (6 862,7 de dollars) et 5,1 fois supérieures à celles de la Chine (1 475,4 de dollars); mais 2,4 fois inférieures à celles de l'Allemagne (17 771,2 de dollars), 42,3% inférieures à celles du Royaume-Uni (13 030,6 de dollars) et 14,8% inférieures à celles des États-Unis (8 817,8 de dollars). La croissance des importations à

Oman était supérieure à celle de l'Allemagne (4,8%), des États-Unis (4,4%), du Japon (3,8%) et du Royaume-Uni (3,6%); mais inférieure à celle de la Chine (8,2%).

Partie IV. Consommation

Chapitre XII. Dépenses publiques

Dépenses de consommation des administrations publiques

Les dépenses publiques d'Oman sont passés de 378,5 millions de dollars par an dans les années 1970 à 17,2 milliards de dollars par an dans les années 2010, c'est-à-dire 16,8 milliards de dollars ou de 45,5 fois. La variation a été de 11,3 milliards de dollars en raison de l'augmentation de 2,9 fois des prix, et de 4,1 milliards de dollars en raison de la croissance du taux par habitant de 3,4 fois, et de 1,4 milliards de dollars en raison de la croissance démographique. La croissance annuelle moyenne des dépenses publiques était de 6,9%. La valeur minimale était de 34,4 millions de dollars en 1970. La valeur maximale était de 20,0 milliards de dollars en 2014.

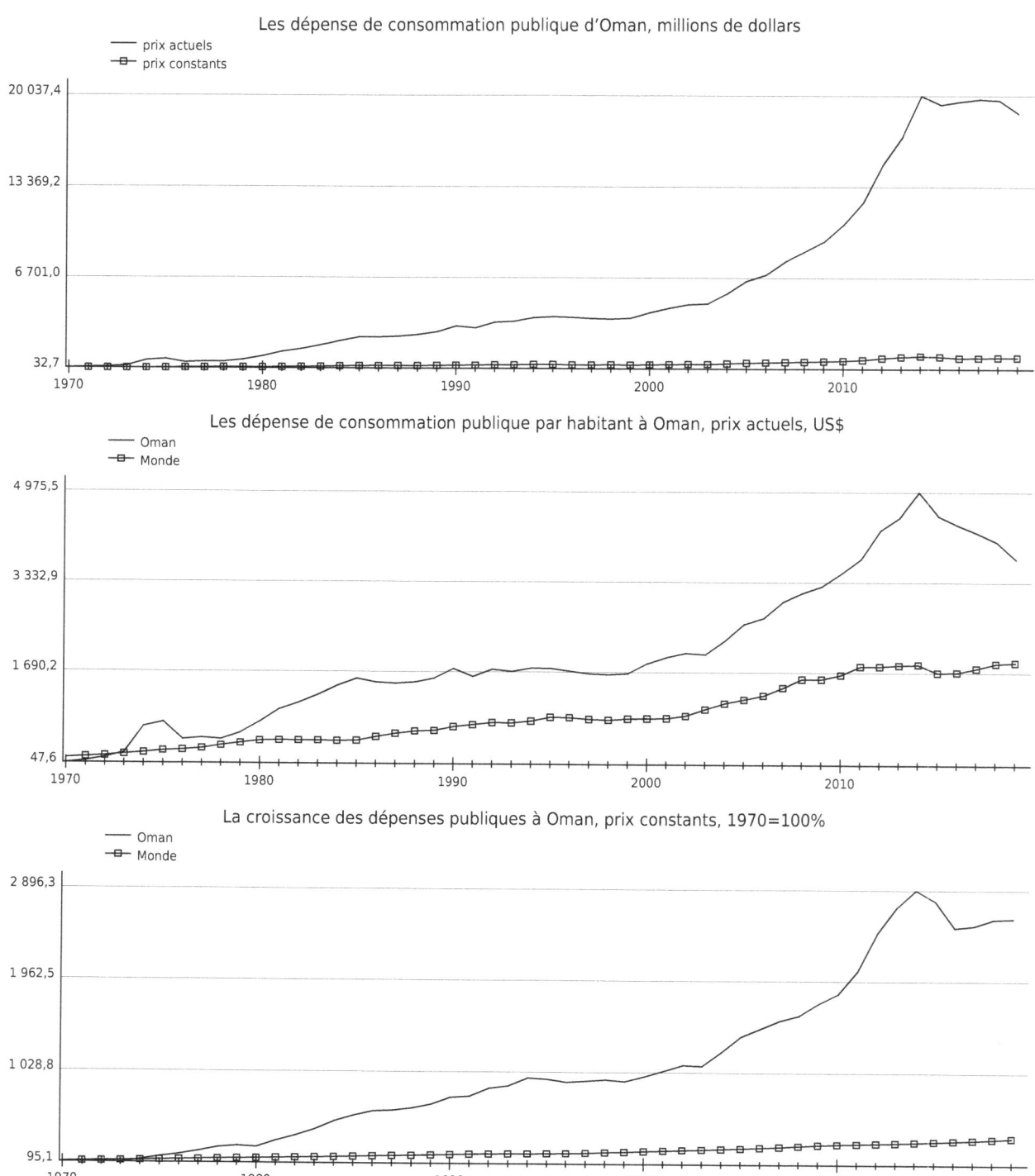

Chapitre XII. Dépenses publiques

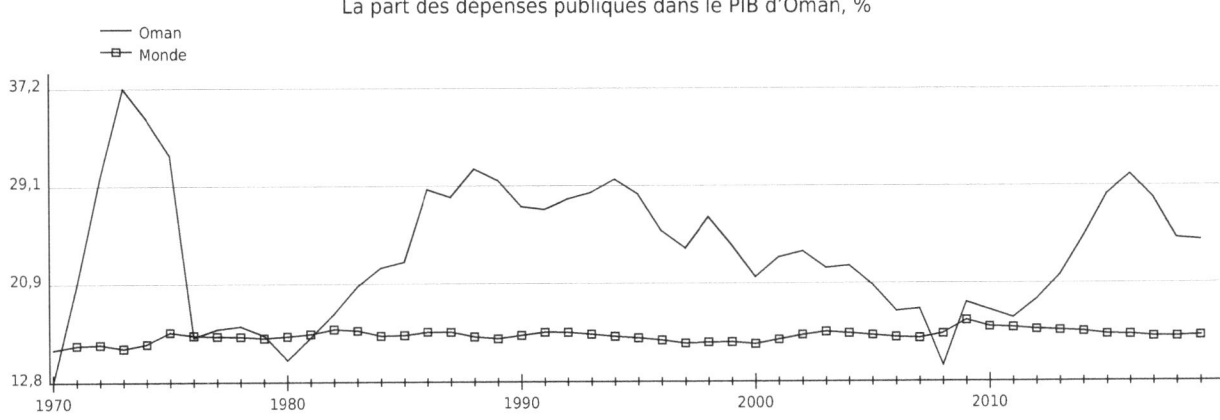

La part des dépenses publiques dans le PIB d'Oman, %

Les années 1970

Les dépense de consommation publique d'Oman étaient de 378,5 millions de dollars par an dans les années 1970, se classant au 84ème rang mondial à égalité avec le Cameroun (385,8 millions de dollars). La part dans le monde était de 0,035% et de 0,24% en Asie.

La part des dépenses publiques dans le PIB d'Oman était de 21,4% dans les années 1970, au 34ème rang mondial, à égalité avec le Lesotho (21,3%), le Bhoutan (21,3%), les Pays-Bas (21,5%).

Les dépense de consommation publique par habitant à Oman étaient de 429.5 dollars dans les années 1970, se situant au 48ème rang mondial. Les dépense publique par habitant à Oman étaient 62,0% supérieures les dépense publique par habitant au Monde (265,2 US$), et 6,2 fois supérieures les dépense de consommation publique par habitant en Asie (68,9 US$).

La croissance des dépenses publiques à Oman était de 11.7% dans les années 1970, se classant au 16ème rang mondial, à égalité avec le Zimbabwe (11,8%), le Rwanda (11,8%). La croissance des dépenses publiques à Oman (11,7%) a été supérieure à celle du monde (3,7%), et supérieure à celle de l'Asie (6,9%).

Comparaison avec les voisins. Les dépenses publiques d'Oman étaient supérieures à celles du Yémen (116,0 millions de dollars); mais inférieures à celles de l'Arabie saoudite (8,4 milliards de dollars) et des Émirats arabes unis (882,4 millions de dollars). Les dépenses publiques par habitant à Oman étaient supérieures à celles du Yémen (17,0 de dollars); mais inférieures à celles des Émirats arabes unis (1 636,0 de dollars) et de l'Arabie saoudite (1 144,0 de dollars). La croissance des dépenses publiques à Oman était supérieure à celle du Yémen (7,0%); mais inférieure à celle de l'Arabie saoudite (16,0%) et des Émirats arabes unis (13,8%).

Comparaison avec les leaders. Les dépense de consommation publique d'Oman étaient inférieures à celles des États-Unis (285,9 milliards de dollars), de l'URSS (117,3 milliards de dollars), de l'Allemagne (95,6 milliards de dollars), du Japon (78,0 milliards de dollars) et de la France (64,5 milliards de dollars). Les dépense publique par habitant à Oman étaient inférieures à celles des États-Unis (1 310,2 de dollars), de l'Allemagne (1 213,7 de dollars), de la France (1 202,3 de dollars), du Japon (700,2 de dollars) et de l'URSS (465,0 de dollars). La croissance des dépenses publiques à Oman était supérieure à celle de l'URSS (7,2%), du Japon (5,3%), de la France (5,0%), de l'Allemagne (4,4%) et des États-Unis (0,94%).

Les années 1980

Les dépenses publiques d'Oman étaient de 2,0 milliards de dollars par an dans les années 1980, au 66ème rang mondial. La part dans le monde était de 0,078% et de 0,41% en Asie.

La part des dépenses publiques dans le PIB d'Oman était de 23,6% dans les années 1980, au 36ème rang mondial, à égalité avec la Guinée équatoriale (23,8%).

Les dépenses publiques par habitant à Oman étaient de 1359.3 dollars dans les années 1980, se classant au 42ème rang mondial, à égalité avec la Polynésie (1 343,9 de dollars). Les dépenses publiques par habitant à Oman étaient 2,6 fois supérieures les dépenses publiques par habitant au Monde (523,5 US$), et 8,0 fois supérieures les dépenses publiques par habitant en Asie (170,1 US$).

La croissance des dépenses publiques à Oman était de 9.9% dans les années 1980, au 14ème rang mondial. La croissance des dépenses publiques à Oman (9,9%) a été supérieure à celle du monde (2,7%), et supérieure à celle de l'Asie (4,2%).

Comparaison avec les voisins. Les dépenses publiques d'Oman étaient supérieures à celles du Yémen (638,7 millions de dollars); mais inférieures à celles de l'Arabie saoudite (32,9 milliards de dollars) et des Émirats arabes unis (4,5 milliards de dollars). Les dépense de consommation publique par habitant à Oman étaient supérieures à celles du Yémen (67,6 de dollars); mais inférieures à celles des Émirats arabes unis (3 340,0 de dollars) et de l'Arabie saoudite (2 590,0 de dollars). La croissance des dépenses publiques à Oman était supérieure à celle des Émirats arabes unis (5,9%) et de l'Arabie saoudite (3,6%); mais inférieure à celle du Yémen (11,8%).

Comparaison avec les leaders. Les dépense publique d'Oman étaient inférieures à celles des États-Unis (665,3 milliards de dollars), du Japon (257,4 milliards de dollars), de l'Allemagne (203,7 milliards de dollars), de l'URSS (181,1 milliards de dollars) et de la France (159,8 milliards de dollars). Les dépense de consommation publique par habitant à Oman étaient supérieures à celles de l'URSS (658,0 de dollars); mais inférieures à celles de la France (2 826,9 de dollars), des États-Unis (2 778,2 de dollars), de l'Allemagne (2 611,1 de dollars) et du Japon (2 122,5 de dollars). La croissance des dépenses publiques à Oman était supérieure à celle de l'URSS (5,4%), du Japon (3,5%), de la France (2,8%), des États-Unis (2,6%) et de l'Allemagne (0,98%).

Les années 1990

Les dépense publique d'Oman étaient de 3,6 milliards de dollars par an dans les années 1990, au 62ème rang mondial. La part dans le monde était de 0,076% et de 0,32% en Asie.

La part des dépenses publiques dans le PIB d'Oman était de 26,7% dans les années 1990, au 26ème rang mondial, à égalité avec la Polynésie française (26,6%), la Polynésie (26,6%), l'Arabie saoudite (26,9%).

Les dépense de consommation publique par habitant à Oman étaient de 1699.2 dollars dans les années 1990, au 51ème rang mondial, à égalité avec Macao (1 664,3 de dollars). Les dépenses publiques par habitant à Oman étaient 2,1 fois supérieures les dépense de consommation publique par habitant au Monde (824,8 US$), et 5,3 fois supérieures les dépense de consommation publique par habitant en Asie (318,7 US$).

La croissance des dépenses publiques à Oman était de 3% dans les années 1990, se situant au 79ème rang mondial. La croissance des dépenses publiques à Oman (3,0%) a été supérieure à celle du monde (2,0%), et inférieure à celle de l'Asie (5,0%).

Comparaison avec les voisins. Les dépense de consommation publique d'Oman étaient supérieures à celles du Yémen (922,2 millions de dollars); mais inférieures à celles de l'Arabie saoudite (38,5 milliards de dollars) et des Émirats arabes unis (6,4 milliards de dollars). Les dépense publique par habitant à Oman étaient supérieures à celles du Yémen (63,8 de dollars); mais inférieures à celles des Émirats arabes unis (2 719,2 de dollars) et de l'Arabie saoudite (2 101,8 de dollars). La croissance des dépenses publiques à Oman était supérieure à celle du Yémen (1,1%) et de l'Arabie saoudite (-0,081%); mais inférieure à celle des Émirats arabes unis (4,3%).

Comparaison avec les leaders. Les dépense publique d'Oman étaient inférieures à celles des États-Unis (1,1 billions de dollars), du Japon (651,8 milliards de dollars), de l'Allemagne (419,6 milliards de dollars), de la France (325,4 milliards de dollars) et du Royaume-Uni (234,6 milliards de dollars). Les dépense publique par habitant à Oman étaient inférieures à celles de la France (5 479,6 de dollars), de l'Allemagne (5 203,8 de dollars), du Japon (5 169,1 de dollars), des États-Unis (4 287,3 de dollars) et du Royaume-Uni (4 053,6 de dollars). La croissance des dépenses publiques à Oman était supérieure à celle du Japon (3,0%), de l'Allemagne (2,4%), du Royaume-Uni (2,1%), de la France (1,8%) et des États-Unis (1,3%).

Les années 2000

Les dépenses publiques d'Oman étaient de 6,3 milliards de dollars par an dans les années 2000, se situant au 66ème rang mondial. La part dans le monde était de 0,081% et de 0,33% en Asie.

La part des dépenses publiques dans le PIB d'Oman était de 19,4% dans les années 2000, se situant au 48ème rang mondial, à égalité avec la Lituanie (19,4%), le Royaume-Uni (19,5%), l'Autriche (19,3%).

Les dépense de consommation publique par habitant à Oman étaient de 2514.4 dollars dans les années 2000, se situant au 57ème rang mondial, à égalité avec d'Anguilla (2 485,0 de dollars), Porto Rico (2 575,0 de dollars). Les dépense publique par habitant à Oman étaient 2,1 fois supérieures les dépense publique par habitant au Monde (1 200,9 US$), et 5,3 fois supérieures les dépense publique par habitant en Asie (477,4 US$).

La croissance des dépenses publiques à Oman était de 6.3% dans les années 2000, se classant au 48ème rang mondial. La croissance des dépenses publiques à Oman (6,3%) a été supérieure à celle du monde (3,1%), et supérieure à celle de l'Asie (5,3%).

Comparaison avec les voisins. Les dépense publique d'Oman étaient supérieures à celles du Yémen (2,5 milliards de dollars); mais

Chapitre XII. Dépenses publiques

inférieures à celles de l'Arabie saoudite (68,7 milliards de dollars) et des Émirats arabes unis (15,2 milliards de dollars). Les dépense publique par habitant à Oman étaient supérieures à celles du Yémen (126,4 de dollars); mais inférieures à celles des Émirats arabes unis (3 118,4 de dollars) et de l'Arabie saoudite (2 919,3 de dollars). La croissance des dépenses publiques à Oman était supérieure à celle des Émirats arabes unis (5,5%), de l'Arabie saoudite (5,4%) et du Yémen (3,8%).

Comparaison avec les leaders. Les dépense de consommation publique d'Oman étaient inférieures à celles des États-Unis (1,9 billions de dollars), du Japon (844,2 milliards de dollars), de l'Allemagne (520,1 milliards de dollars), de la France (479,9 milliards de dollars) et du Royaume-Uni (453,4 milliards de dollars). Les dépense de consommation publique par habitant à Oman étaient inférieures à celles de la France (7 640,9 de dollars), du Royaume-Uni (7 501,5 de dollars), du Japon (6 586,4 de dollars), des États-Unis (6 545,9 de dollars) et de l'Allemagne (6 389,7 de dollars). La croissance des dépenses publiques à Oman était supérieure à celle du Royaume-Uni (2,9%), des États-Unis (2,2%), du Japon (1,7%), de la France (1,7%) et de l'Allemagne (1,4%).

Les années 2010

Les dépense publique d'Oman étaient de 17,2 milliards de dollars par an dans les années 2010, se situant au 63ème rang mondial. La part dans le monde était de 0,13% et de 0,40% en Asie.

La part des dépenses publiques dans le PIB d'Oman était de 23,9% dans les années 2010, au 22ème rang mondial, à égalité avec l'Islande (23,9%), la Nouvelle-Calédonie (23,8%), la France (23,7%).

Les dépenses publiques par habitant à Oman étaient de 4221 dollars dans les années 2010, se classant au 51ème rang mondial, à égalité avec Nauru (4 233,2 de dollars). Les dépense de consommation publique par habitant à Oman étaient 2,4 fois supérieures les dépense publique par habitant au Monde (1 785,1 US$), et 4,3 fois supérieures les dépense de consommation publique par habitant en Asie (970,7 US$).

La croissance des dépenses publiques à Oman était de 4.2% dans les années 2010, au 63ème rang mondial. La croissance des dépenses publiques à Oman (4,2%) a été supérieure à celle du monde (2,3%), et inférieure à celle de l'Asie (5,2%).

Comparaison avec les voisins. Les dépense publique d'Oman étaient 4,2 fois supérieures à celles du Yémen (4,1 milliards de dollars); mais 9,7 fois inférieures à celles de l'Arabie saoudite (166,2 milliards de dollars) et 2,5 fois inférieures à celles des Émirats arabes unis (43,3 milliards de dollars). Les dépenses publiques par habitant à Oman étaient 26,8 fois supérieures à celles du Yémen (157,3 de dollars); mais 21,0% inférieures à celles de l'Arabie saoudite (5 344,7 de dollars) et 9,8% inférieures à celles des Émirats arabes unis (4 681,7 de dollars). La croissance des dépenses publiques à Oman était supérieure à celle de l'Arabie saoudite (3,1%) et du Yémen (-0,73%); mais inférieure à celle des Émirats arabes unis (5,4%).

Comparaison avec les leaders. Les dépenses publiques d'Oman étaient 154,1 fois inférieures à celles des États-Unis (2,7 billions de dollars), 97,5 fois inférieures à celles de la Chine (1,7 billions de dollars), 60,6 fois inférieures à celles du Japon (1,0 billions de dollars), 41,9 fois inférieures à celles de l'Allemagne (721,6 milliards de dollars) et 37,0 fois inférieures à celles de la France (637,9 milliards de dollars). Les dépense publique par habitant à Oman étaient 3,5 fois supérieures à celles de la Chine (1 197,3 de dollars); mais 2,3 fois inférieures à celles de la France (9 617,6 de dollars), 2,1 fois inférieures à celles de l'Allemagne (8 815,0 de dollars), 49,2% inférieures à celles des États-Unis (8 304,9 de dollars) et 48,2% inférieures à celles du Japon (8 152,8 de dollars). La croissance des dépenses publiques à Oman était supérieure à celle de l'Allemagne (1,9%), du Japon (1,3%), de la France (1,3%) et des États-Unis (0,0052%); mais inférieure à celle de la Chine (8,3%).

Chapitre XIII. Dépenses ménagères

Dépenses de consommation des ménages

Les dépenses ménagères d'Oman sont passés de 483,7 millions de dollars par an dans les années 1970 à 25,5 milliards de dollars par an dans les années 2010, c'est-à-dire 25,0 milliards de dollars ou de 52,6 fois. La variation a été de 20,6 milliards de dollars en raison de l'augmentation de 5,3 fois des prix, et de 2,6 milliards de dollars en raison de la croissance du taux par habitant de 2,2 fois, et de 1,8 milliards de dollars en raison de la croissance démographique. La croissance annuelle moyenne des dépenses ménagères était de 6,2%. La valeur minimale était de 52,0 millions de dollars en 1970. La valeur maximale était de 31,0 milliards de dollars en 2019.

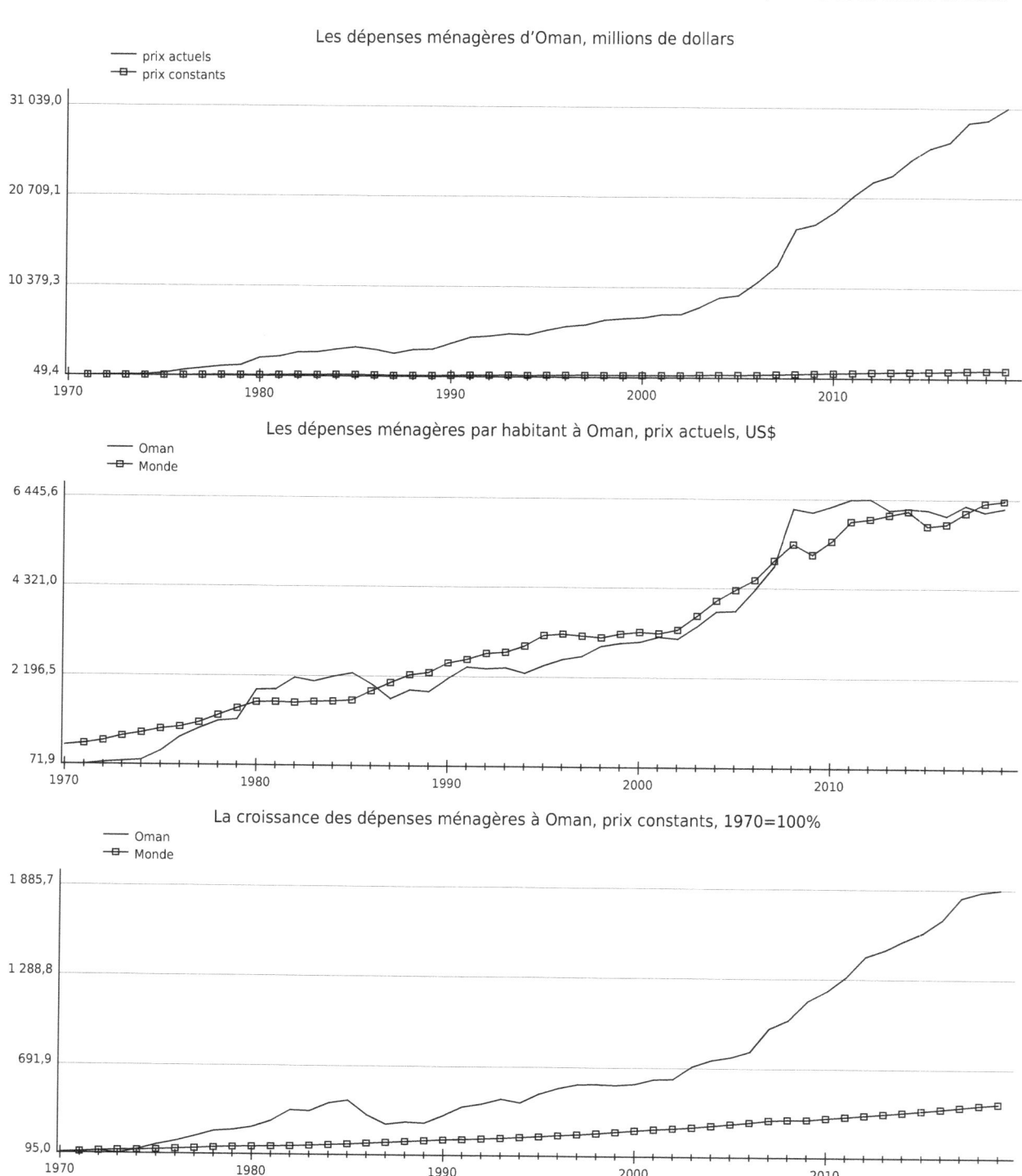

Chapitre XIII. Dépenses ménagères

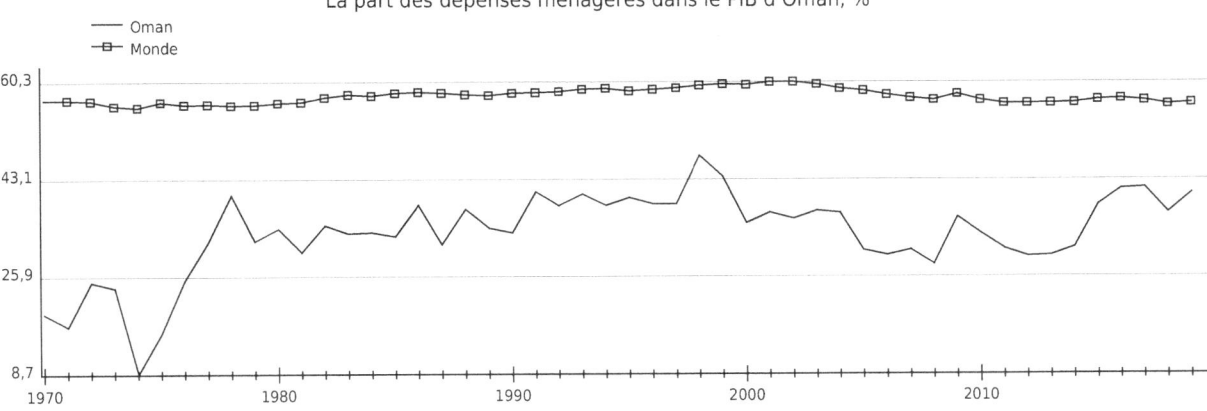

Les années 1970

Les dépenses ménagères d'Oman étaient de 483,7 millions de dollars par an dans les années 1970, se situant au 119ème rang mondial à égalité avec le Gabon (472,7 millions de dollars). La part dans le monde était de 0,013% et de 0,074% en Asie.

La part des dépenses ménagères dans le PIB d'Oman était de 27,3% dans les années 1970, se situant au 176ème rang mondial, à égalité avec le Koweït (27,2%).

Les dépenses ménagères par habitant à Oman étaient de 548.9 dollars dans les années 1970, se classant au 90ème rang mondial, à égalité avec la Roumanie (545,0 de dollars), la Jordanie (544,7 de dollars), les Fidji (561,5 de dollars). Les dépenses ménagères par habitant à Oman étaient 40,0% inférieures les dépenses ménagères par habitant au Monde (914,8 US$), et 94,4% supérieures les dépenses ménagères par habitant en Asie (282,4 US$).

La croissance des dépenses ménagères à Oman était de 11.2% dans les années 1970, se situant au 3ème rang mondial, à égalité avec le Botswana (11,1%). La croissance des dépenses ménagères à Oman (11,2%) a été supérieure à celle du monde (4,1%), et supérieure à celle de l'Asie (5,2%).

Comparaison avec les voisins. Les dépenses ménagères d'Oman étaient inférieures à celles de l'Arabie saoudite (11,3 milliards de dollars), des Émirats arabes unis (2,5 milliards de dollars) et du Yémen (1,1 milliards de dollars). Les dépenses ménagères par habitant à Oman étaient supérieures à celles du Yémen (165,1 de dollars); mais inférieures à celles des Émirats arabes unis (4 693,1 de dollars) et de l'Arabie saoudite (1 535,9 de dollars). La croissance des dépenses ménagères à Oman était supérieure à celle du Yémen (9,0%); mais inférieure à celle des Émirats arabes unis (17,5%) et de l'Arabie saoudite (11,6%).

Comparaison avec les leaders. Les dépenses ménagères d'Oman étaient inférieures à celles des États-Unis (1,0 billions de dollars), de l'URSS (310,6 milliards de dollars), du Japon (280,9 milliards de dollars), de l'Allemagne (277,8 milliards de dollars) et de la France (180,7 milliards de dollars). Les dépenses ménagères par habitant à Oman étaient inférieures à celles des États-Unis (4 744,5 de dollars), de l'Allemagne (3 527,2 de dollars), de la France (3 371,0 de dollars), du Japon (2 523,0 de dollars) et de l'URSS (1 231,6 de dollars). La croissance des dépenses ménagères à Oman était supérieure à celle du Japon (5,1%), de l'URSS (4,7%), de la France (4,0%), des États-Unis (3,6%) et de l'Allemagne (3,6%).

Les années 1980

Les dépenses ménagères d'Oman étaient de 2,9 milliards de dollars par an dans les années 1980, se classant au 92ème rang mondial à égalité avec la Bolivie (2,9 milliards de dollars). La part dans le monde était de 0,033% et de 0,15% en Asie.

La part des dépenses ménagères dans le PIB d'Oman était de 34,2% dans les années 1980, au 177ème rang mondial.

Les dépenses ménagères par habitant à Oman étaient de 1973.8 dollars dans les années 1980, se situant au 59ème rang mondial, à égalité avec les Îles Vierges britanniques (1 968,1 de dollars), le Brunei (1 980,2 de dollars), Sainte-Lucie (2 022,9 de dollars). Les dépenses ménagères par habitant à Oman étaient 9,2% supérieures les dépenses ménagères par habitant au Monde (1 808,0 US$), et 3,0 fois supérieures les dépenses ménagères par habitant en Asie (666,0 US$).

La croissance des dépenses ménagères à Oman était de 1.8% dans les années 1980, se situant au 135ème rang mondial, à égalité avec l'Irlande (1,8%), l'Allemagne (1,8%), le Venezuela (1,8%). La croissance des dépenses ménagères à Oman (1,8%) a été inférieure à celle du monde (3,0%), et inférieure à celle de l'Asie (4,7%).

Comparaison avec les voisins. Les dépenses ménagères d'Oman étaient supérieures à celles du Yémen (2,7 milliards de dollars); mais inférieures à celles de l'Arabie saoudite (50,6 milliards de dollars) et des Émirats arabes unis (13,8 milliards de dollars). Les dépenses ménagères par habitant à Oman étaient supérieures à celles du Yémen (284,3 de dollars); mais inférieures à celles des Émirats arabes unis (10 220,5 de dollars) et de l'Arabie saoudite (3 975,3 de dollars). La croissance des dépenses ménagères à Oman était inférieure à celle des Émirats arabes unis (8,7%), de l'Arabie saoudite (4,1%) et du Yémen (3,4%).

Comparaison avec les leaders. Les dépenses ménagères d'Oman étaient inférieures à celles des États-Unis (2,6 billions de dollars), du Japon (945,6 milliards de dollars), de l'Allemagne (575,7 milliards de dollars), de l'URSS (424,6 milliards de dollars) et du Royaume-Uni (416,5 milliards de dollars). Les dépenses ménagères par habitant à Oman étaient supérieures à celles de l'URSS (1 542,8 de dollars); mais inférieures à celles des États-Unis (10 904,4 de dollars), du Japon (7 796,6 de dollars), de l'Allemagne (7 378,3 de dollars) et du Royaume-Uni (7 376,3 de dollars). La croissance des dépenses ménagères à Oman était supérieure à celle de l'Allemagne (1,8%); mais inférieure à celle du Japon (3,7%), du Royaume-Uni (3,5%), des États-Unis (3,2%) et de l'URSS (3,0%).

Les années 1990

Les dépenses ménagères d'Oman étaient de 5,4 milliards de dollars par an dans les années 1990, se classant au 92ème rang mondial à égalité avec le Panama (5,4 milliards de dollars), la Lituanie (5,5 milliards de dollars). La part dans le monde était de 0,032% et de 0,13% en Asie.

La part des dépenses ménagères dans le PIB d'Oman était de 40,2% dans les années 1990, se situant au 201ème rang mondial.

Les dépenses ménagères par habitant à Oman étaient de 2555.2 dollars dans les années 1990, se situant au 70ème rang mondial, à égalité avec la Croatie (2 607,4 de dollars), la Turquie (2 608,7 de dollars), l'Amérique du Sud (2 496,2 de dollars). Les dépenses ménagères par habitant à Oman étaient 13,8% inférieures les dépenses ménagères par habitant au Monde (2 963,9 US$), et 2,1 fois supérieures les dépenses ménagères par habitant en Asie (1 208,2 US$).

La croissance des dépenses ménagères à Oman était de 6.3% dans les années 1990, se situant au 20ème rang mondial, à égalité avec la Corée du Sud (6,3%). La croissance des dépenses ménagères à Oman (6,3%) a été supérieure à celle du monde (3,0%), et supérieure à celle de l'Asie (4,4%).

Comparaison avec les voisins. Les dépenses ménagères d'Oman étaient supérieures à celles du Yémen (4,9 milliards de dollars); mais inférieures à celles de l'Arabie saoudite (64,0 milliards de dollars) et des Émirats arabes unis (33,5 milliards de dollars). Les dépenses ménagères par habitant à Oman étaient supérieures à celles du Yémen (338,8 de dollars); mais inférieures à celles des Émirats arabes unis (14 124,1 de dollars) et de l'Arabie saoudite (3 493,3 de dollars). La croissance des dépenses ménagères à Oman était supérieure à celle des Émirats arabes unis (5,8%), du Yémen (3,0%) et de l'Arabie saoudite (0,68%).

Comparaison avec les leaders. Les dépenses ménagères d'Oman étaient inférieures à celles des États-Unis (4,9 billions de dollars), du Japon (2,3 billions de dollars), de l'Allemagne (1,2 billions de dollars), du Royaume-Uni (884,5 milliards de dollars) et de la France (783,0 milliards de dollars). Les dépenses ménagères par habitant à Oman étaient inférieures à celles des États-Unis (18 538,8 de dollars), du Japon (18 170,3 de dollars), du Royaume-Uni (15 280,6 de dollars), de l'Allemagne (15 158,9 de dollars) et de la France (13 185,2 de dollars). La croissance des dépenses ménagères à Oman était supérieure à celle des États-Unis (3,4%), du Royaume-Uni (2,8%), de l'Allemagne (2,1%), du Japon (1,8%) et de la France (1,8%).

Les années 2000

Les dépenses ménagères d'Oman étaient de 10,7 milliards de dollars par an dans les années 2000, se classant au 95ème rang mondial à égalité avec la république démocratique du Congo (10,8 milliards de dollars), la Bosnie-Herzégovine (10,5 milliards de dollars), l'Éthiopie (11,0 milliards de dollars). La part dans le monde était de 0,039% et de 0,16% en Asie.

La part des dépenses ménagères dans le PIB d'Oman était de 32,9% dans les années 2000, se situant au 201ème rang mondial, à égalité avec Saint-Marin (32,6%).

Les dépenses ménagères par habitant à Oman étaient de 4259.7 dollars dans les années 2000, se situant au 76ème rang mondial, à égalité avec le Liban (4 290,2 de dollars), la Turquie (4 296,3 de dollars), le Monde (4 208,2 de dollars). Les dépenses ménagères par habitant à Oman étaient 1,2% supérieures les dépenses ménagères par habitant au Monde (4 208,2 US$), et 2,6 fois supérieures les dépenses ménagères par habitant en Asie (1 649,6 US$).

La croissance des dépenses ménagères à Oman était de 7.1% dans les années 2000, au 31ème rang mondial, à égalité avec le

Chapitre XIII. Dépenses ménagères

Cambodge (7,1%), l'Arménie (7,1%). La croissance des dépenses ménagères à Oman (7,1%) a été supérieure à celle du monde (3,0%), et supérieure à celle de l'Asie (4,4%).

Comparaison avec les voisins. Les dépenses ménagères d'Oman étaient inférieures à celles de l'Arabie saoudite (95,8 milliards de dollars), des Émirats arabes unis (92,4 milliards de dollars) et du Yémen (12,3 milliards de dollars). Les dépenses ménagères par habitant à Oman étaient supérieures à celles de l'Arabie saoudite (4 071,2 de dollars) et du Yémen (620,3 de dollars); mais inférieures à celles des Émirats arabes unis (18 948,6 de dollars). La croissance des dépenses ménagères à Oman était supérieure à celle du Yémen (6,4%) et des Émirats arabes unis (4,9%); mais inférieure à celle de l'Arabie saoudite (7,4%).

Comparaison avec les leaders. Les dépenses ménagères d'Oman étaient inférieures à celles des États-Unis (8,5 billions de dollars), du Japon (2,6 billions de dollars), de l'Allemagne (1,5 billions de dollars), du Royaume-Uni (1,5 billions de dollars) et de la France (1,1 billions de dollars). Les dépenses ménagères par habitant à Oman étaient inférieures à celles des États-Unis (28 799,1 de dollars), du Royaume-Uni (24 959,3 de dollars), du Japon (20 355,9 de dollars), de l'Allemagne (18 912,2 de dollars) et de la France (18 146,8 de dollars). La croissance des dépenses ménagères à Oman était supérieure à celle des États-Unis (2,4%), du Royaume-Uni (2,1%), de la France (2,0%), du Japon (0,81%) et de l'Allemagne (0,46%).

Les années 2010

Les dépenses ménagères d'Oman étaient de 25,5 milliards de dollars par an dans les années 2010, au 91ème rang mondial. La part dans le monde était de 0,058% et de 0,19% en Asie.

La part des dépenses ménagères dans le PIB d'Oman était de 35,3% dans les années 2010, se classant au 197ème rang mondial, à égalité avec l'Arabie saoudite (35,1%).

Les dépenses ménagères par habitant à Oman étaient de 6239.2 dollars dans les années 2010, se classant au 84ème rang mondial, à égalité avec la Roumanie (6 239,0 de dollars), la Russie (6 316,6 de dollars), le Brunei (6 139,3 de dollars). Les dépenses ménagères par habitant à Oman étaient 3,7% supérieures les dépenses ménagères par habitant au Monde (6 018,5 US$), et 2,1 fois supérieures les dépenses ménagères par habitant en Asie (2 977,2 US$).

La croissance des dépenses ménagères à Oman était de 5.1% dans les années 2010, se classant au 36ème rang mondial, à égalité avec l'Indonésie (5,1%). La croissance des dépenses ménagères à Oman (5,1%) a été supérieure à celle du monde (2,8%), et supérieure à celle de l'Asie (4,9%).

Comparaison avec les voisins. Les dépenses ménagères d'Oman étaient 6,2% supérieures à celles du Yémen (24,0 milliards de dollars); mais 9,7 fois inférieures à celles de l'Arabie saoudite (245,8 milliards de dollars) et 5,4 fois inférieures à celles des Émirats arabes unis (138,2 milliards de dollars). Les dépenses ménagères par habitant à Oman étaient 6,8 fois supérieures à celles du Yémen (916,5 de dollars); mais 2,4 fois inférieures à celles des Émirats arabes unis (14 925,8 de dollars) et 21,1% inférieures à celles de l'Arabie saoudite (7 903,8 de dollars). La croissance des dépenses ménagères à Oman était supérieure à celle de l'Arabie saoudite (4,4%), des Émirats arabes unis (2,0%) et du Yémen (-3,2%).

Comparaison avec les leaders. Les dépenses ménagères d'Oman étaient 478,9 fois inférieures à celles des États-Unis (12,2 billions de dollars), 154,4 fois inférieures à celles de la Chine (3,9 billions de dollars), 117,4 fois inférieures à celles du Japon (3,0 billions de dollars), 76,9 fois inférieures à celles de l'Allemagne (2,0 billions de dollars) et 70,0 fois inférieures à celles du Royaume-Uni (1,8 billions de dollars). Les dépenses ménagères par habitant à Oman étaient 2,2 fois supérieures à celles de la Chine (2 801,9 de dollars); mais 6,1 fois inférieures à celles des États-Unis (38 161,2 de dollars), 4,4 fois inférieures à celles du Royaume-Uni (27 164,8 de dollars), 3,8 fois inférieures à celles de l'Allemagne (23 925,0 de dollars) et 3,7 fois inférieures à celles du Japon (23 352,2 de dollars). La croissance des dépenses ménagères à Oman était supérieure à celle des États-Unis (2,4%), du Royaume-Uni (1,8%), de l'Allemagne (1,4%) et du Japon (0,64%); mais inférieure à celle de la Chine (8,3%).

Chapitre XIV. Consommation de nourriture

Au cours de la période de recherche, la consommation alimentaire des produits suivants a augmenté: noix (de 3,8 fois), racines riches (de 2,9 fois), épices (de 2,6 fois), fruits (de 2,0 fois), légumineuses (de 55,6%), viande (de 53,2%), sucre (de 42,2%), alcool (de 37,5%), lait (de 35,7%), stimulants (de 24,3%), œufs (de 21,2%), céréales (de 17,0%), poisson (de 3,0%), huiles végétales (de 2,9%), légumes (de 0,48%).

Voici les coefficients de corrélation entre le RNB par habitant à prix constants et la consommation alimentaire: lait (0.993), fruits (0.984), viande (0.979), épices (0.969), céréales (0.964), sucre (0.953), alcool (0.927), œufs (0.924), racines riches (0.87), légumineuses (0.805), noix (0.701), stimulants (0.679), huiles végétales (0.339), poisson (0.081), légumes (-0.007).

Les années 1990

La consommation de kcal à Oman était de 2 409,4 kcal/jour par habitant dans les années 1990, se situant au 99ème rang mondial à égalité avec la Grenade (2 408,0 kcal/jour par habitant), les Maldives (2 410,8 kcal/jour par habitant), l'Afrique de l'Ouest (2 402,0 kcal/jour par habitant). La consommation de kcal à Oman était inférieur à celui dans le monde (2 652,6 kcal/jour par habitant), et était inférieur à celui en Asie (2 494,1 kcal/jour par habitant). La consommation de kcal avait la structure suivante: céréales (39.5%), fruits (12.6%), huiles végétales (11.2%), sucre (9%), lait (7.8%), et d'autres (19.9%).

La consommation de protéines à Oman était de 68,9 g/jour par habitant dans les années 1990, se classant au 87ème rang mondial à égalité avec le Burkina Faso (68,7 g/jour par habitant), le Costa Rica (69,1 g/jour par habitant), la Géorgie (69,1 g/jour par habitant). La consommation de protéines à Oman était inférieur à celui dans le monde (72,1 g/jour par habitant), et était supérieur à celui en Asie (65,3 g/jour par habitant). La consommation de protéines avait la structure suivante: céréales (34%), viande (20.8%), lait (15.4%), poisson (8.3%), légumes (5.3%), et d'autres (16.2%).

La consommation de graisse à Oman était de 70,8 g/jour par habitant dans les années 1990, se classant au 80ème rang mondial à égalité avec la Macédoine du Nord (71,1 g/jour par habitant), Sainte-Lucie (71,3 g/jour par habitant). La consommation de graisse à Oman était supérieur à celui dans le monde (69,0 g/jour par habitant), et était supérieur à celui en Asie (54,3 g/jour par habitant). La consommation de graisse avait la structure suivante: huiles végétales (43.1%), viande (18%), lait (14.9%), céréales (4.6%), stimulants (2.5%), et d'autres (16.9%).

Voici les niveaux de consommation alimentaire dans le classement mondial: 22ème - fruits (124,8 kg/habitant/an), 27ème - épices (1,3 kg/habitant/an), 30ème - légumes (121,3 kg/habitant/an), 36ème - poisson (24,7 kg/habitant/an), 52ème - stimulants (3,4 kg/habitant/an), 54ème - huiles végétales (11,1 kg/habitant/an), 63ème - lait (108,9 kg/habitant/an), 67ème - œufs (6,3 kg/habitant/an), 76ème - viande (39,7 kg/habitant/an), 100ème - sucre (24,8 kg/habitant/an), 107ème - céréales (113,8 kg/habitant/an), 113ème - noix (0,30 kg/habitant/an), 147ème - alcool (3,4 kg/habitant/an), 161ème - racines riches (8,7 kg/habitant/an).

Les années 2000

La consommation de kcal à Oman était de 2 748,5 kcal/jour par habitant dans les années 2000, se situant au 84ème rang mondial à égalité avec le Ghana (2 744,0 kcal/jour par habitant), la Mélanésie (2 740,7 kcal/jour par habitant), la Serbie (2 736,5 kcal/jour par habitant). La consommation de kcal à Oman était inférieur à celui dans le monde (2 765,9 kcal/jour par habitant), et était supérieur à celui en Asie (2 619,0 kcal/jour par habitant). La consommation de kcal avait la structure suivante: céréales (36.7%), fruits (14.8%), sucre (10.8%), huiles végétales (8.7%), viande (8.3%), et d'autres (20.7%).

La consommation de protéines à Oman était de 78,6 g/jour par habitant dans les années 2000, se situant au 79ème rang mondial à égalité avec l'Amérique du Sud (78,5 g/jour par habitant), la Jordanie (78,6 g/jour par habitant), Saint-Vincent-et-les-Grenadines (78,6 g/jour par habitant). La consommation de protéines à Oman était supérieur à celui dans le monde (76,5 g/jour par habitant), et était supérieur à celui en Asie (70,9 g/jour par habitant). La consommation de protéines avait la structure suivante: céréales (29.7%), viande (23.5%), lait (14.3%), poisson (9.7%), légumes (5.4%), et d'autres (17.4%).

La consommation de graisse à Oman était de 74,3 g/jour par habitant dans les années 2000, au 89ème rang mondial à égalité avec la Colombie (74,1 g/jour par habitant), le Venezuela (74,8 g/jour par habitant), Saint-Vincent-et-les-Grenadines (73,6 g/jour par habitant). La consommation de graisse à Oman était inférieur à celui dans le monde (76,9 g/jour par habitant), et était supérieur à celui en Asie (64,4 g/jour par habitant). La consommation de graisse avait la structure suivante: huiles végétales (36.2%), viande (22.2%), lait (14.9%), céréales (5.7%), œufs (2.6%), et d'autres (18.4%).

Chapitre XIV. Consommation de nourriture

Voici les niveaux de consommation alimentaire dans le classement mondial: 6ème - fruits (191,3 kg/habitant/an), 19ème - épices (2,6 kg/habitant/an), 33ème - légumes (124,9 kg/habitant/an), 39ème - poisson (27,7 kg/habitant/an), 60ème - stimulants (4,4 kg/habitant/an), 69ème - œufs (7,3 kg/habitant/an), 72ème - viande (51,1 kg/habitant/an), 85ème - noix (1,3 kg/habitant/an), 88ème - huiles végétales (9,8 kg/habitant/an), 113ème - céréales (115,8 kg/habitant/an), 124ème - légumineuses (2,2 kg/habitant/an), 142ème - racines riches (22,5 kg/habitant/an), 145ème - alcool (4,3 kg/habitant/an).

Les années 2010

La consommation de kcal à Oman était de 3 098,3 kcal/jour par habitant dans les années 2010, se classant au 54ème rang mondial à égalité avec la Bosnie-Herzégovine (3 109,3 kcal/jour par habitant), le Liban (3 111,3 kcal/jour par habitant), la Chine (3 083,3 kcal/jour par habitant). La consommation de kcal à Oman était supérieur à celui dans le monde (2 869,3 kcal/jour par habitant), et était supérieur à celui en Asie (2 759,8 kcal/jour par habitant). La consommation de kcal avait la structure suivante: céréales (37%), fruits (13.8%), sucre (10.5%), huiles végétales (8.9%), lait (8.6%), et d'autres (21.2%).

La consommation de protéines à Oman était de 88,5 g/jour par habitant dans les années 2010, au 60ème rang mondial à égalité avec Maurice (88,8 g/jour par habitant), l'Asie de l'Ouest (89,0 g/jour par habitant), l'Ukraine (87,9 g/jour par habitant). La consommation de protéines à Oman était supérieur à celui dans le monde (80,6 g/jour par habitant), et était supérieur à celui en Asie (76,7 g/jour par habitant). La consommation de protéines avait la structure suivante: céréales (30.5%), viande (24.9%), lait (15.6%), poisson (7.4%), fruits (5%), et d'autres (16.6%).

La consommation de graisse à Oman était de 86,1 g/jour par habitant dans les années 2010, au 80ème rang mondial à égalité avec Saint-Christophe-et-Niévès (85,9 g/jour par habitant), le Chili (85,7 g/jour par habitant), la Mélanésie (85,5 g/jour par habitant). La consommation de graisse à Oman était supérieur à celui dans le monde (82,4 g/jour par habitant), et était supérieur à celui en Asie (72,1 g/jour par habitant). La consommation de graisse avait la structure suivante: huiles végétales (36.4%), viande (21.7%), lait (16.7%), céréales (5.8%), œufs (2.4%), et d'autres (17%).

Voici les niveaux de consommation alimentaire dans le classement mondial: 4ème - fruits (253,4 kg/habitant/an), 14ème - épices (3,5 kg/habitant/an), 39ème - légumes (121,9 kg/habitant/an), 45ème - poisson (25,4 kg/habitant/an), 54ème - lait (147,7 kg/habitant/an), 65ème - viande (60,9 kg/habitant/an), 67ème - stimulants (4,2 kg/habitant/an), 74ème - sucre (35,3 kg/habitant/an), 76ème - œufs (7,7 kg/habitant/an), 81ème - huiles végétales (11,5 kg/habitant/an), 84ème - céréales (133,2 kg/habitant/an), 90ème - légumineuses (4,4 kg/habitant/an), 95ème - noix (1,1 kg/habitant/an), 138ème - racines riches (25,5 kg/habitant/an), 148ème - alcool (4,7 kg/habitant/an).

Partie V. Reproduction

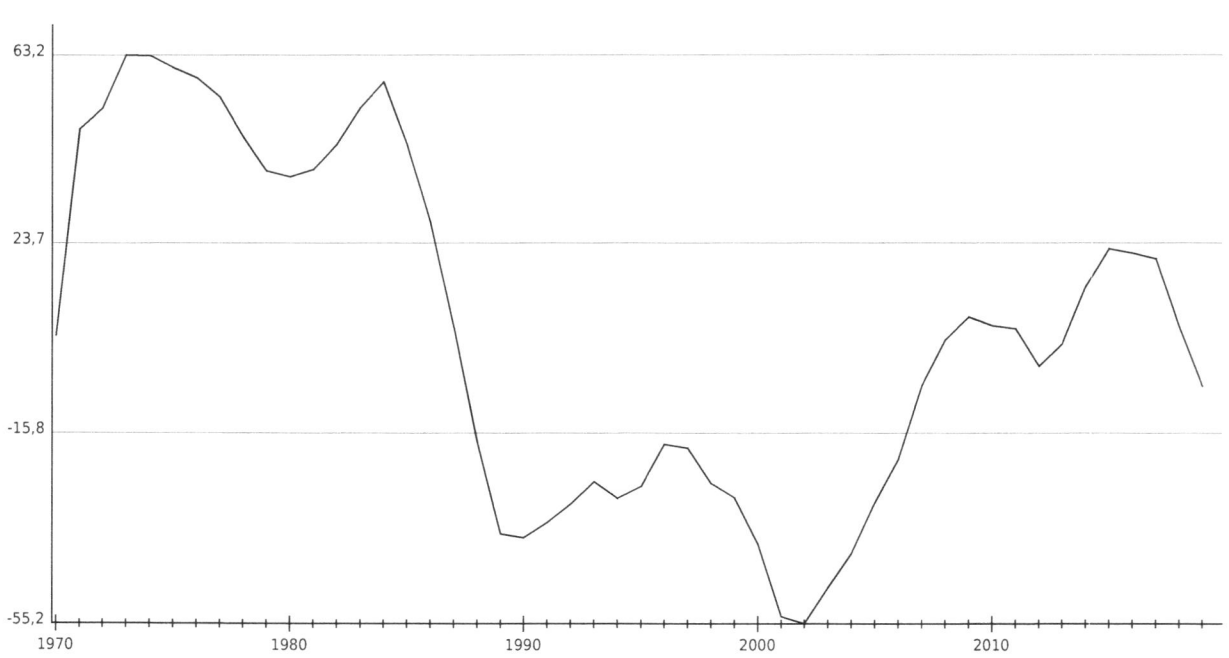

Indice de Kouchnir, (-) consommation - (+) reproduction

Chapitre XV. Formation de capital fixe

Formation brute de capital fixe

La formation de capital fixe d'Oman est passé de 597,0 millions de dollars par an dans les années 1970 à 18,2 milliards de dollars par an dans les années 2010, c'est-à-dire 17,6 milliards de dollars ou de 30,4 fois. La variation a été de 11,4 milliards de dollars en raison de l'augmentation de 2,7 fois des prix, et de 4,0 milliards de dollars en raison de la croissance du taux par habitant de 2,4 fois, et de 2,2 milliards de dollars en raison de la croissance démographique. La croissance annuelle moyenne de la formation brute de capital fixe était de 6,1%. La valeur minimale était de 36,9 millions de dollars en 1970. La valeur maximale était de 21,6 milliards de dollars en 2016.

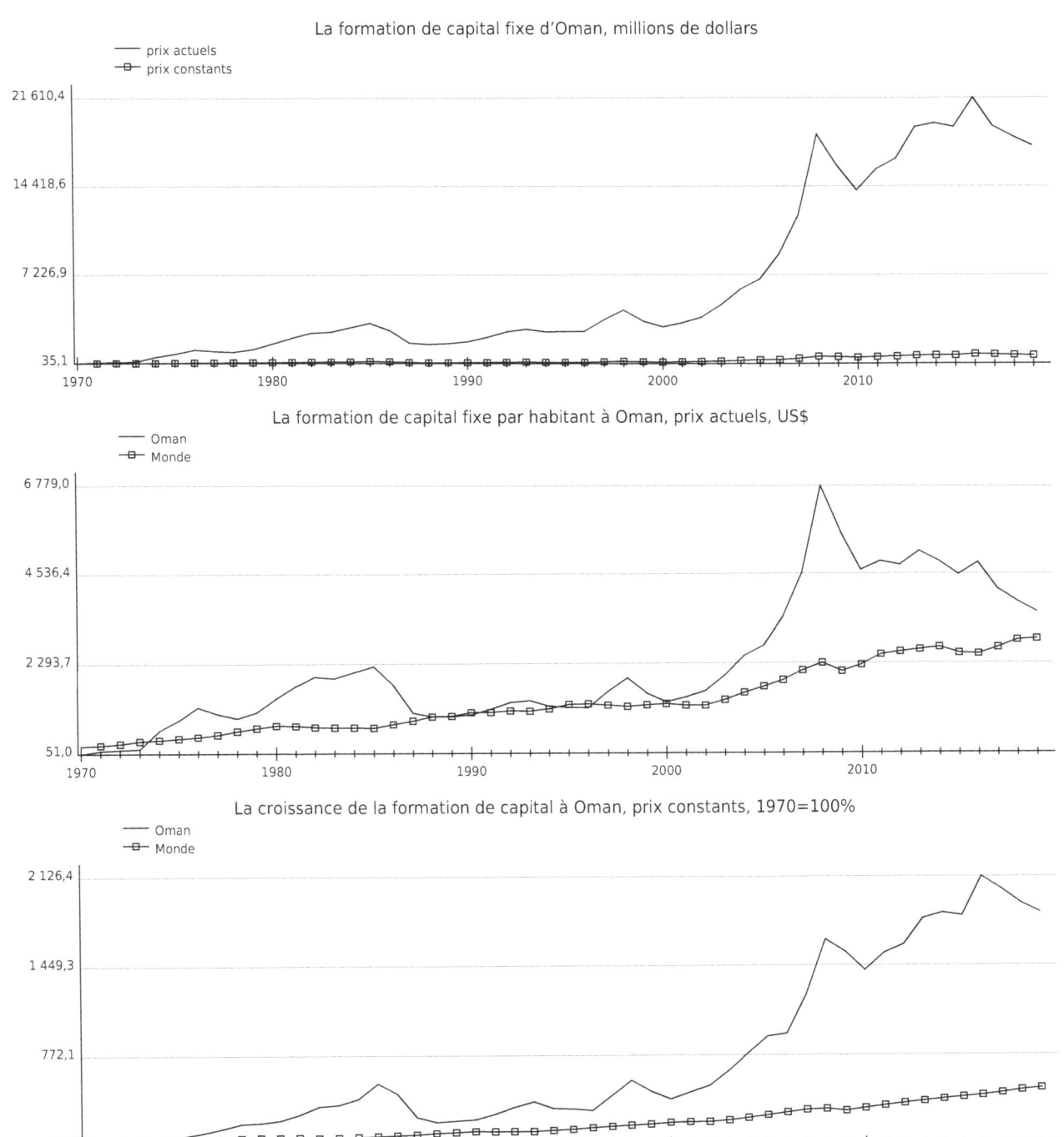

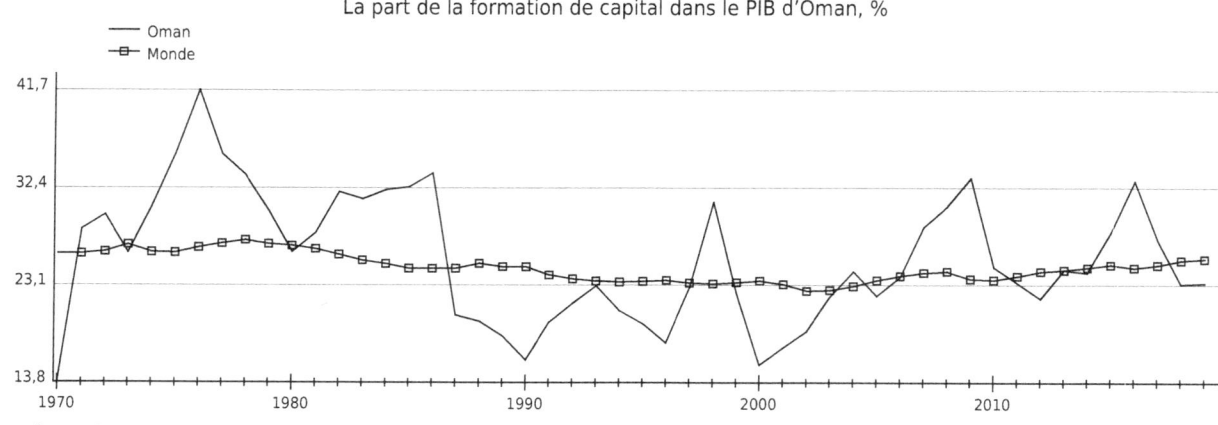

Les années 1970

La formation de capital d'Oman était de 597,0 millions de dollars par an dans les années 1970, se situant au 81ème rang mondial. La part dans le monde était de 0,034% et de 0,17% en Asie.

La part de la formation de capital dans le PIB d'Oman était de 33,7% dans les années 1970, se classant au 25ème rang mondial, à égalité avec l'Albanie (33,9%), la Palestine (33,9%), Sainte-Lucie (33,9%).

La formation de capital par habitant à Oman était de 677.4 dollars dans les années 1970, se situant au 48ème rang mondial, à égalité avec la Polynésie (682,2 de dollars), l'Afrique de l'Ouest (687,4 de dollars). La formation de capital par habitant à Oman était 56,3% supérieure la formation de capital par habitant au Monde (433,5 US$), et 4,5 fois supérieure la formation de capital par habitant en Asie (151,1 US$).

La croissance de la formation brute de capital fixe à Oman était de 11.2% dans les années 1970, se classant au 37ème rang mondial. La croissance de la formation brute de capital fixe à Oman (11,2%) a été supérieure à celle du monde (4,2%), et supérieure à celle de l'Asie (6,2%).

Comparaison avec les voisins. La formation de capital fixe d'Oman était supérieure à celle du Yémen (240,1 millions de dollars); mais inférieure à celle de l'Arabie saoudite (10,1 milliards de dollars) et des Émirats arabes unis (5,1 milliards de dollars). La formation de capital par habitant à Oman était supérieure à celle du Yémen (35,3 de dollars); mais inférieure à celle des Émirats arabes unis (9 374,7 de dollars) et de l'Arabie saoudite (1 384,1 de dollars). La croissance de la formation brute de capital fixe à Oman était inférieure à celle de l'Arabie saoudite (20,8%), des Émirats arabes unis (18,9%) et du Yémen (14,8%).

Comparaison avec les leaders. La formation de capital fixe d'Oman était inférieure à celle des États-Unis (381,9 milliards de dollars), de l'URSS (214,6 milliards de dollars), du Japon (191,6 milliards de dollars), de l'Allemagne (125,8 milliards de dollars) et de la France (82,9 milliards de dollars). La formation de capital par habitant à Oman était inférieure à celle des États-Unis (1 750,0 de dollars), du Japon (1 720,7 de dollars), de l'Allemagne (1 597,2 de dollars), de la France (1 545,4 de dollars) et de l'URSS (850,9 de dollars). La croissance de la formation de capital à Oman était supérieure à celle des États-Unis (4,4%), du Japon (3,9%), de l'URSS (3,2%), de la France (2,7%) et de l'Allemagne (1,5%).

Les années 1980

La formation de capital d'Oman était de 2,3 milliards de dollars par an dans les années 1980, au 66ème rang mondial. La part dans le monde était de 0,060% et de 0,23% en Asie.

La part de la formation brute de capital fixe dans le PIB d'Oman était de 27,5% dans les années 1980, au 49ème rang mondial, à égalité avec les Comores (27,5%), l'Australasie (27,3%), la Finlande (27,7%).

La formation de capital fixe par habitant à Oman était de 1583.2 dollars dans les années 1980, se classant au 45ème rang mondial, à égalité avec l'Irlande (1 582,6 de dollars), le Gabon (1 575,5 de dollars), la Nouvelle-Calédonie (1 621,6 de dollars). La formation de capital par habitant à Oman était 2,0 fois supérieure la formation de capital fixe par habitant au Monde (790,9 US$), et 4,5 fois supérieure la formation de capital fixe par habitant en Asie (349,2 US$).

La croissance de la formation brute de capital fixe à Oman était de 0.5% dans les années 1980, au 116ème rang mondial, à égalité avec le Sri Lanka (0,51%). La croissance de la formation brute de capital fixe à Oman (0,51%) a été inférieure à celle du monde (2,5%),

Chapitre XV. Formation de capital fixe

et inférieure à celle de l'Asie (4,8%).

Comparaison avec les voisins. La formation de capital d'Oman était supérieure à celle du Yémen (605,6 millions de dollars); mais inférieure à celle de l'Arabie saoudite (27,3 milliards de dollars) et des Émirats arabes unis (12,3 milliards de dollars). La formation de capital par habitant à Oman était supérieure à celle du Yémen (64,1 de dollars); mais inférieure à celle des Émirats arabes unis (9 135,2 de dollars) et de l'Arabie saoudite (2 142,3 de dollars). La croissance de la formation brute de capital fixe à Oman était supérieure à celle du Yémen (-2,7%), des Émirats arabes unis (-3,6%) et de l'Arabie saoudite (-3,7%).

Comparaison avec les leaders. La formation de capital fixe d'Oman était inférieure à celle des États-Unis (958,4 milliards de dollars), du Japon (571,7 milliards de dollars), de l'URSS (271,0 milliards de dollars), de l'Allemagne (238,1 milliards de dollars) et de la France (164,3 milliards de dollars). La formation de capital fixe par habitant à Oman était supérieure à celle de l'URSS (984,8 de dollars); mais inférieure à celle du Japon (4 713,7 de dollars), des États-Unis (4 002,1 de dollars), de l'Allemagne (3 052,1 de dollars) et de la France (2 907,7 de dollars). La croissance de la formation brute de capital fixe à Oman était inférieure à celle du Japon (4,8%), des États-Unis (3,1%), de la France (2,4%), de l'URSS (1,7%) et de l'Allemagne (1,4%).

Les années 1990

La formation de capital d'Oman était de 2,9 milliards de dollars par an dans les années 1990, se classant au 76ème rang mondial à égalité avec l'Uruguay (2,9 milliards de dollars). La part dans le monde était de 0,043% et de 0,13% en Asie.

La part de la formation brute de capital fixe dans le PIB d'Oman était de 21,5% dans les années 1990, se classant au 108ème rang mondial, à égalité avec Sainte-Lucie (21,4%), la Macédoine du Nord (21,4%).

La formation de capital par habitant à Oman était de 1365.7 dollars dans les années 1990, au 58ème rang mondial, à égalité avec Nauru (1 356,7 de dollars), la Malaisie (1 338,4 de dollars). La formation de capital fixe par habitant à Oman était 15,4% supérieure la formation de capital fixe par habitant au Monde (1 183,8 US$), et 2,1 fois supérieure la formation de capital par habitant en Asie (661,5 US$).

La croissance de la formation brute de capital fixe à Oman était de 6.2% dans les années 1990, se classant au 54ème rang mondial, à égalité avec la Malaisie (6,2%). La croissance de la formation de capital à Oman (6,2%) a été supérieure à celle du monde (2,8%), et supérieure à celle de l'Asie (4,3%).

Comparaison avec les voisins. La formation de capital fixe d'Oman était supérieure à celle du Yémen (1,0 milliards de dollars); mais inférieure à celle de l'Arabie saoudite (27,6 milliards de dollars) et des Émirats arabes unis (15,8 milliards de dollars). La formation de capital par habitant à Oman était supérieure à celle du Yémen (70,5 de dollars); mais inférieure à celle des Émirats arabes unis (6 655,1 de dollars) et de l'Arabie saoudite (1 507,1 de dollars). La croissance de la formation de capital à Oman était supérieure à celle de l'Arabie saoudite (3,8%) et des Émirats arabes unis (2,5%); mais inférieure à celle du Yémen (6,3%).

Comparaison avec les leaders. La formation de capital fixe d'Oman était inférieure à celle des États-Unis (1,6 billions de dollars), du Japon (1,3 billions de dollars), de l'Allemagne (520,7 milliards de dollars), de la France (299,3 milliards de dollars) et du Royaume-Uni (250,0 milliards de dollars). La formation de capital fixe par habitant à Oman était inférieure à celle du Japon (10 425,9 de dollars), de l'Allemagne (6 456,6 de dollars), des États-Unis (6 067,2 de dollars), de la France (5 039,5 de dollars) et du Royaume-Uni (4 319,1 de dollars). La croissance de la formation brute de capital fixe à Oman était supérieure à celle des États-Unis (4,8%), de l'Allemagne (2,4%), du Royaume-Uni (1,7%), de la France (1,5%) et du Japon (0,18%).

Les années 2000

La formation de capital fixe d'Oman était de 8,3 milliards de dollars par an dans les années 2000, se situant au 68ème rang mondial à égalité avec le Ghana (8,3 milliards de dollars), l'Équateur (8,4 milliards de dollars). La part dans le monde était de 0,076% et de 0,23% en Asie.

La part de la formation de capital dans le PIB d'Oman était de 25,7% dans les années 2000, se situant au 73ème rang mondial, à égalité avec l'Azerbaïdjan (25,7%), l'Afrique centrale (25,6%), la Croatie (25,5%).

La formation de capital par habitant à Oman était de 3322.7 dollars dans les années 2000, au 57ème rang mondial, à égalité avec Montserrat (3 334,5 de dollars). La formation de capital par habitant à Oman était 96,5% supérieure la formation de capital fixe par habitant au Monde (1 690,7 US$), et 3,7 fois supérieure la formation de capital par habitant en Asie (905,5 US$).

La croissance de la formation brute de capital fixe à Oman était de 12% dans les années 2000, au 24ème rang mondial, à égalité avec l'Asie centrale (11,9%). La croissance de la formation de capital à Oman (12,0%) a été supérieure à celle du monde (3,5%), et supérieure à celle de l'Asie (6,8%).

Comparaison avec les voisins. La formation de capital d'Oman était supérieure à celle du Yémen (3,5 milliards de dollars); mais inférieure à celle de l'Arabie saoudite (65,8 milliards de dollars) et des Émirats arabes unis (39,7 milliards de dollars). La formation de capital fixe par habitant à Oman était supérieure à celle de l'Arabie saoudite (2 795,3 de dollars) et du Yémen (175,3 de dollars); mais inférieure à celle des Émirats arabes unis (8 145,8 de dollars). La croissance de la formation de capital à Oman était supérieure à celle de l'Arabie saoudite (11,3%), des Émirats arabes unis (10,0%) et du Yémen (9,7%).

Comparaison avec les leaders. La formation de capital d'Oman était inférieure à celle des États-Unis (2,8 billions de dollars), du Japon (1,2 billions de dollars), de la Chine (1,0 billions de dollars), de l'Allemagne (557,7 milliards de dollars) et de la France (463,9 milliards de dollars). La formation de capital par habitant à Oman était supérieure à celle de la Chine (782,2 de dollars); mais inférieure à celle des États-Unis (9 376,4 de dollars), du Japon (8 981,8 de dollars), de la France (7 386,7 de dollars) et de l'Allemagne (6 851,1 de dollars). La croissance de la formation de capital à Oman était supérieure à celle de la France (1,6%), des États-Unis (0,43%), de l'Allemagne (-0,56%) et du Japon (-2,0%); mais inférieure à celle de la Chine (13,4%).

Les années 2010

La formation de capital d'Oman était de 18,2 milliards de dollars par an dans les années 2010, se situant au 70ème rang mondial à égalité avec le Turkménistan (18,4 milliards de dollars). La part dans le monde était de 0,095% et de 0,21% en Asie.

La part de la formation brute de capital fixe dans le PIB d'Oman était de 25,2% dans les années 2010, au 70ème rang mondial, à égalité avec Saint-Vincent-et-les-Grenadines (25,2%), la Guinée (25,2%), le Liechtenstein (25,2%).

La formation de capital par habitant à Oman était de 4454.4 dollars dans les années 2010, se classant au 55ème rang mondial, à égalité avec la Slovénie (4 554,6 de dollars). La formation de capital fixe par habitant à Oman était 69,9% supérieure la formation de capital par habitant au Monde (2 621,1 US$), et 2,2 fois supérieure la formation de capital fixe par habitant en Asie (2 007,4 US$).

La croissance de la formation brute de capital fixe à Oman était de 1.8% dans les années 2010, se classant au 134ème rang mondial. La croissance de la formation de capital à Oman (1,8%) a été inférieure à celle du monde (4,1%), et inférieure à celle de l'Asie (6,0%).

Comparaison avec les voisins. La formation de capital fixe d'Oman était 3,9 fois supérieure à celle du Yémen (4,7 milliards de dollars); mais 9,3 fois inférieure à celle de l'Arabie saoudite (168,4 milliards de dollars) et 4,2 fois inférieure à celle des Émirats arabes unis (76,6 milliards de dollars). La formation de capital par habitant à Oman était 24,8 fois supérieure à celle du Yémen (179,5 de dollars); mais 46,2% inférieure à celle des Émirats arabes unis (8 280,9 de dollars) et 17,7% inférieure à celle de l'Arabie saoudite (5 415,4 de dollars). La croissance de la formation de capital à Oman était supérieure à celle des Émirats arabes unis (-0,73%) et du Yémen (-6,8%); mais inférieure à celle de l'Arabie saoudite (3,4%).

Comparaison avec les leaders. La formation de capital fixe d'Oman était 248,9 fois inférieure à celle de la Chine (4,5 billions de dollars), 198,0 fois inférieure à celle des États-Unis (3,6 billions de dollars), 66,6 fois inférieure à celle du Japon (1,2 billions de dollars), 41,4 fois inférieure à celle de l'Allemagne (752,5 milliards de dollars) et 38,3 fois inférieure à celle de l'Inde (696,8 milliards de dollars). La formation de capital par habitant à Oman était 38,1% supérieure à celle de la Chine (3 224,9 de dollars) et 8,3 fois supérieure à celle de l'Inde (535,2 de dollars); mais 2,5 fois inférieure à celle des États-Unis (11 264,9 de dollars), 2,1 fois inférieure à celle du Japon (9 460,2 de dollars) et 2,1 fois inférieure à celle de l'Allemagne (9 192,9 de dollars). La croissance de la formation brute de capital fixe à Oman était supérieure à celle du Japon (1,8%); mais inférieure à celle de la Chine (8,0%), de l'Inde (5,8%), des États-Unis (3,8%) et de l'Allemagne (2,8%).

www.ingramcontent.com/pod-product-compliance
Lightning Source LLC
Chambersburg PA
CBHW080523220526
45465CB00006B/2578